LE PIÈGE

Jimmy Goldsmith

LE PIÈGE

Entretiens avec Yves Messarovitch
sur quelques idées reçues

FIXOT

Couverture : page 4, Photo Peter Jordan.

La croissance, pour quoi faire ?

Vous acceptez le principe selon lequel la croissance économique est utile. Mais vous émettez des doutes sur sa portée réelle.

Bien entendu, nous avons besoin de prospérité économique. Mon doute tient simplement à ce que je conteste l'idée selon laquelle la croissance économique puisse être la voie principale par laquelle se mesure le succès d'une nation.

Dites-moi pourquoi ?

Voici deux exemples : l'Amérique et la Grande-Bretagne. L'Amérique moderne a engendré la plus grande vague de croissance économique et de prospérité matérielle que l'histoire ait connue. Au cours des cinquante dernières années, son produit national brut (PNB) est passé de 1 400 milliards à

5 800 milliards de dollars (en dollars constants). Cela n'empêche pas la société américaine d'être profondément malade.

Quant à la Grande-Bretagne, elle aussi a créé une prospérité matérielle énorme au cours des cinquante dernières années. Comparativement à quelques autres pays, sa croissance n'a pas été impressionnante, mais dans l'absolu son produit national brut est passé de 235 milliards à 600 milliards de livres sterling (une fois corrigée l'inflation). Ainsi, selon leurs propres critères, les sociétés occidentales ont réussi au-delà de leurs rêves. Il n'en reste pas moins qu'elles vivent dans un trouble profond.

Quelles en sont les raisons ?

Le succès d'une nation ne se mesure pas exclusivement en termes économiques. Le relèvement national n'est pas seulement le résultat de la croissance économique.

Un des défauts de la culture moderne est qu'elle fait croire que tout problème, quel qu'il soit, est réductible à l'analyse chiffrée et par conséquent peut être mesuré. Lorsque la mesure, plutôt que la sagesse, devient l'outil privilégié, cela peut conduire à de graves erreurs.

Le produit national brut est l'indice officiel de la

prospérité d'une nation. Mais le PNB n'en mesure que l'activité. Je m'explique. Si une calamité, telle qu'un ouragan ou un tremblement de terre, vient à frapper, l'impact immédiat en est un accroissement du PNB parce que l'industrie embraye pour réparer les dégâts. Si survient une épouvantable épidémie, alors l'accroissement du PNB résulte de la construction de nouveaux hôpitaux et d'une augmentation du nombre d'emplois de santé. Si le taux de criminalité explose, le PNB s'accroît du fait du développement des forces de police et de la construction de prisons nouvelles. De toute évidence, il s'agit là d'exemples extrêmes, mais le PNB ne mesure ni le succès ni la satisfaction. Il n'évalue que la partie de l'activité brute d'un pays qui s'exprime par un échange monétaire, qu'elle soit mauvaise ou bonne. Les villes américaines dévastées par la criminalité, la consommation de la drogue, l'alcoolisme, le suicide et l'effondrement familial sont, selon les chiffres officiels, considérées comme plus prospères que beaucoup de cités qui subsistent partout ailleurs dans le monde, et dont la richesse réside dans leur stabilité et dans leur satisfaction. Cette manière de mesurer est dangereuse parce que la plupart des plans modernes sont jugés selon un unique standard : leur succès en matière de croissance du PNB.

Y a-t-il d'autres exemples de fausses conclusions résultant du calcul arithmétique du PNB ?

Oui. Ils pullulent.

Considérons l'exemple de deux familles voisines. Dans l'un et l'autre cas, la mère de famille s'occupe de ses enfants et de son foyer. Un jour, l'une des deux décide de prendre un emploi et d'engager l'autre pour s'occuper à sa place de ses enfants. Avant que cette décision ait été prise, ni l'une ni l'autre de ces femmes ne contribuait au PNB car le PNB est, comme vous ne l'ignorez pas, une mesure de l'activité calculée en termes d'argent changeant de mains.

Maintenant que ces deux femmes ont décidé de recevoir des salaires, elles font toutes deux partie de l'économie chiffrée et officielle. Donc, elles contribuent au PNB.

Autre exemple. Lorsqu'un paysan produit une diversité de denrées principalement destinées aux besoins de sa famille, cette activité n'est pas prise en compte dans le calcul du PNB car son activité n'engendre pas d'échanges monétaires. Mais, s'il abandonne sa production diversifiée pour se concentrer sur une monoculture, tout change.

Dorénavant, il vend sa production sur le marché, et pour nourrir sa famille il achète des denrées à des tiers. Donc, il fait désormais partie de l'économie formelle et contribue ainsi au PNB.

Réfléchissez-y. Est-ce que les mutations que je viens de vous décrire contribuent à la stabilité de la société ? Et, seconde question, jusqu'à quel point la croissance de notre PNB, obtenue depuis quelques décennies, a-t-elle été le résultat du départ des femmes de leurs foyers et des paysans de leurs terres ?

Mais vous êtes d'accord pour dire que la croissance économique est tout de même utile ?

Certainement, mais, j'y insiste, la croissance économique n'est utile que pour autant qu'elle sert la communauté en consolidant sa stabilité et en augmentant le contentement de ceux qui en font partie. La croissance économique ne doit pas être un objectif en soi, mais un outil.

Connaissez-vous un leader national qui applique une telle politique ?

Oui. Chaque année, je tente de partir en voyage pour environ deux mois afin de voir ce qui se passe dans notre monde moderne. De temps en temps, je rencontre des gens sages.

Il y a quelques années, j'ai fait étape dans une petite île ensoleillée : l'île d'Anguilla. Elle est très peu peuplée, environ 9 000 habitants, si ma mémoire est bonne. J'y ai déjeuné avec le Premier ministre.

Au cours du repas, je lui ai demandé quelle stratégie de développement il avait choisie pour son île. Et voilà, à peu de chose près, ce qu'il m'a répondu :

« Cette île nous appartient et nous y sommes très heureux. Nous pouvons soit la développer d'une façon raisonnable en garantissant du travail et un certain bien-être à nos citoyens. Ou nous pouvons choisir une stratégie de développement à outrance, comme beaucoup de nos voisins. Après mûre réflexion, nous avons choisi la première solution. Supposons que nous développions au maximum le tourisme, avec des plages aménagées, des complexes hôteliers les uns à côté des autres... il faudrait recourir à l'immigration massive pour faire tourner ce type d'économie.

« Au bout du compte, nous nous retrouverions minoritaires dans notre propre pays. Sans compter la croissance du crime et du trafic de drogue qui semblent accompagner l'immigration, le développement rapide et le tourisme. Notre île ne serait plus la même. C'est pour cela que j'ai voulu que nous nous contentions d'un développement modéré capable de créer suffisamment d'emplois pour notre population mais de protéger aussi notre façon de vivre. »

Bien évidemment, cet homme, me dit-on, n'était pas unanimement suivi. Dans les îles voisines, le prix du terrain s'envolait. Je me demande s'il est encore au pouvoir.

Lors d'un récent séjour au Viêt-nam, j'ai eu la chance de rencontrer ceux qui sont chargés de penser une stratégie nouvelle pour leur nation, maintenant qu'elle émerge du communisme. La forme de société dans laquelle ils vont entrer, encore qu'elle ne soit peut-être pas tout à fait définie, est connue sous le nom de « société selon l'école de pensée de Hô Chi Minh ». Au cours des entretiens, une question, qui me semble très sage, m'a été posée : « Comment peut-on passer du marxisme-léninisme à l'école de pensée de Hô Chi Minh sans traverser Bangkok, New York ou Rio de Janeiro ? »

Un dernier exemple. Au royaume du Bhoutan, dans les Himalayas, on décèle l'influence bouddhiste. Le roi du Bhoutan a déclaré qu'il était plus intéressé par la croissance du « contentement national brut » de son peuple que par celle de son produit national brut.

Que faut-il donc faire ?

Notre problème est trop complexe, trop général, pour pouvoir y répondre par des solutions faciles. Notre civilisation moderne a souvent choisi des routes qui mènent à de mauvaises destinations ou à des culs-de-sac. Mais j'espère qu'au cours de ces conversations nous pourrons aborder certains de ces sujets et même entrevoir quelques solutions possibles.

Pour revenir à votre question précise, je vais répondre par une généralité. Constamment on nous présente de nouvelles idées, de nouveaux projets et, bien entendu, de nouveaux programmes politiques. Lorsque nous les évaluons, nous devons tenter d'aller plus loin que la simple analyse de leur impact sur la croissance économique. Nous devons essayer de comprendre leurs effets à long terme sur la stabilité de la société.

Repenser l'Europe

Vous êtes un profond partisan de l'Europe. Pourquoi ?

L'Europe a beaucoup à offrir. Sa civilisation est bien supérieure aux nouveautés envahissantes émanant principalement de l'Amérique du Nord. Mais l'Europe est fragile. Nous vivons dans un monde en plein désordre. Bien sûr, après la fin de la guerre froide tout change et les fausses stabilités disparaissent. Mais les problèmes s'amplifient sous le triple impact de la croissance démographique, de la déstabilisation des populations du globe et de la détérioration de l'environnement.

Dispersés, nous sommes trop faibles. Même réunie, l'Europe des douze, qui nous semble une chose énorme, ne représentera en termes démographiques qu'environ 4,5 % de la population mondiale dans trente ans.

Nous avons besoin d'une Europe forte, et saine.

Le traité de Maastricht créera-t-il les bases pour une telle Europe?

Non. Maastricht est basé sur du faux. Pour bien faire, il faut savoir ce que nous sommes et où nous voulons aller. Maastricht nous pousse vers une union politique, un État centralisé, une sorte d'États-Unis d'Europe, semblable sous bien des aspects aux États-Unis d'Amérique. Mais nous ne sommes pas les États-Unis d'Amérique. Nos origines sont différentes, notre culture est différente et nos avenirs respectifs doivent être différents. Ceux qui confondent Europe et États-Unis d'Amérique oublient que ce grand État s'est formé par l'immigration. Des vagues successives d'immigrants ont abordé un continent n'ayant qu'une très faible population indigène. Dans une large mesure, ils sont partis de zéro. Nous sommes tout le contraire. Nos populations ont de profondes racines nationales qui constituent une merveilleuse force.

Bien des penseurs modernes s'imaginent qu'un espace géographique, une fois peuplé, devient ipso facto une nation. En d'autres termes, c'est la croyance selon laquelle on peut rassembler toutes sortes de populations venues d'horizons culturels et ethniques divers, les mélanger, les déposer sur un même territoire et par là même créer une nation.

Dans la réalité, une nation est quelque chose de bien différent. Ce sont la communauté de culture, l'identité et les traditions d'une nation qui constituent son héritage et dressent le pilier vital de sa stabilité. De quelle plus grande preuve a-t-on besoin que le spectacle de la violente résurgence, après des décennies de répression, de nations réelles qui étaient submergées dans des États artificiels comme l'Union soviétique, l'Afrique du Sud, la Yougoslavie et d'autres à travers le monde. Ne pas comprendre la différence entre un espace peuplé, un État et une nation conduit à des politiques qui, une fois mises en œuvre, créeront débâcle sociale, misère et conflit ethnique.

Les fondateurs de Maastricht ne comprennent pas cette différence.

Peut-on vraiment comparer les problèmes actuels de l'Afrique du Sud à ceux de la Yougoslavie ou de l'ex-URSS ?

Absolument. Nelson Mandela fait partie de la famille royale de la nation des Xhosa. Il est leur chef. Son principal adversaire, Mangosuthu Buthelezi, est d'une part l'oncle du roi des Zoulous et, de l'autre, le premier ministre de la fière nation des Zoulous. Pour lui, l'ambition des Xhosa est tout à fait semblable à celle des Serbes – la création d'un empire au sein duquel leur nation dominera les autres.

Bien évidemment, les autres nations exigent une constitution garantissant la décentralisation du pouvoir et elles sont prêtes à se battre pour l'obtenir.

Les Occidentaux, quant à eux, apprécient mal ces questions. Pour eux les problèmes d'Afrique du Sud résultent exclusivement du terrible apartheid. Ils éprouvent des difficultés à faire le distinguo entre les différentes nations noires et à comprendre leurs légitimes aspirations.

Mais aujourd'hui n'est-il pas nécessaire pour une nation d'atteindre la taille critique?

Le monde moderne a cru au gigantisme. Ce fut une erreur. Un pays n'est pas plus fort s'il est d'une grande dimension, à partir du moment où des structures politiques et sociales compromettent sa stabilité. L'ex-URSS en est le meilleur exemple. Cependant, je ne nie pas qu'il existe certaines contraintes de taille. C'est vrai dans le cas des marchés libres ou pour la défense et la diplomatie. Mais une Europe bien construite peut fournir les avantages de la taille requise sans pour autant créer une structure instable.

Vous le savez, après la période de colonisation, toutes les idées tendant à reconnaître les différences culturelles et ethniques ont été étouffées. D'autant plus vigoureusement, d'ailleurs, qu'il s'agissait d'une réaction contre les horreurs perpétrées au nom de la race par les nazis.

On a donc cherché à croire que les vraies nations n'existaient pas et qu'on pouvait créer de grands États artificiels avec une population homogénéisée. Les faits ont contredit ces idées partout dans le monde.

Dans certains pays, les frontières dessinées et imposées par l'ancienne administration coloniale scindaient des nations, les coupaient véritablement en deux, une partie se trouvant dans un État artificiel et une autre chez le voisin. Cela, comme nous l'avons vu, les a condamnées à la guerre chronique.

Pour ma part, je regrette tout impérialisme, quel que soit l'impérialiste. Et je rejette l'idée selon laquelle une ethnie particulière puisse en dominer une autre, culturellement ou territorialement. Chaque peuple doit pouvoir se développer selon ses propres traditions et ses propres racines. C'est la diversité qui fait la beauté. Mais j'accepte comme une évidence les différences raciales : pour moi, le raciste est celui qui affirme qu'une race peut en dominer une autre, mais pas celui qui observe que la nature, dans sa générosité, a encouragé l'évolution d'une multitude d'ethnies différentes.

En quoi Maastricht est-il une menace pour l'identité des nations européennes ?

Commençons par le projet de création de monnaie unique. Il ne s'agit pas d'un simple problème économique et monétaire. Ses conséquences néfastes dépasseraient largement le domaine technique.

Le plus sûr moyen de comprendre les effets d'une monnaie unique uniformément imposée aux régions riches et aux régions pauvres est de jeter un regard sur l'Italie et sur l'Allemagne.

L'économie de l'Italie du Nord est hautement compétitive, tandis que celle du Sud ne l'est pas. Le Sud, par exemple, ne pouvant ajuster sa monnaie à son économie, le chômage y est considérable. Les chômeurs du Sud émigrent vers le nord, à la recherche d'un travail. En vue d'enrayer cette migration, les Italiens ont subventionné les investissements dans le Sud pour créer des emplois. Ainsi, ils ont créé des institutions spécialisées telles que la « Cassa del Mezzogiorno » et ses successeurs, à travers lesquels de massifs transferts de capitaux ont été effectués du nord vers le sud.

Cette politique a échoué. Une grande partie de ces investissements a été engloutie dans des mégaprojets bureaucratiques défectueux, tandis qu'une autre part importante était volée ou détournée à des fins politiciennes. Au lieu de créer des emplois, les subventions ont engendré la corruption. Et elles ont aussi échoué dans la tentative de stopper la migration qui a continué de déraciner les communautés méridionales et de surpleupler et déstabiliser celles du Nord.

Ce fiasco a suscité au Nord une profonde rancœur dont la conséquence fut la formation de la Ligue lombarde, parti politique dont l'objectif est de séparer le Nord du reste de l'Italie. Aujourd'hui, elle est devenue le principal parti dans sa région. Des ligues similaires ont surgi en Toscane et en Vénétie.

Et l'Allemagne ?

Le cas allemand n'est pas moins démonstratif. Avant la chute du mur de Berlin, les économies d'Allemagne de l'Est et de la Tchécoslovaquie étaient citées en exemple de réussite du communisme dur. La Hongrie était donnée en exemple du succès d'un communisme plus libéral. Depuis la chute du mur, l'Allemagne de l'Est a bénéficié de subventions massives fournies par l'Allemagne de l'Ouest. On a estimé que ces subventions atteignent 150 milliards de Deutsche Marks par an, soit plus de 500 milliards de francs. D'autre part, toutes les ressources d'organisation et de technologie de l'Allemagne de l'Ouest ont été mises à la disposition de l'Est, et le puissant Deutsche Mark est devenu la monnaie unique des deux régions.

La République tchèque est restée indépendante sans être frappée ni d'une monnaie inadaptée aux réalités de son économie, ni de subventions, ni de réajustements sociaux et économiques incompatibles avec le retour à une santé économique normale.

A ce jour, les résultats tchèques tant sur le plan économique que social sont infiniment supérieurs à ceux obtenus en Allemagne de l'Est.

Il est quand même étonnant que l'intégration de 16 millions d'Allemands de l'Est parmi 61 millions d'Allemands habitant à l'Ouest ait provoqué de tels problèmes. L'économie allemande, la plus puissante, et de loin, d'Europe, a été déstabilisée. Le Deutsche Mark semble, peut-être provisoirement, perdre de sa primauté. Le SME tout entier est secoué. Et en Allemagne de l'Est on trouve le chômage, un climat de rancœur, des grèves, des troubles sociaux et leurs conséquences politiques.

Probablement, à terme, tout cela se résorbera, et l'Allemagne s'en sortira forte et à nouveau confiante. Mais il s'agit d'une belle démonstration des conséquences qu'il peut y avoir à bâtir sur de fausses structures.

Quelles conclusions devons-nous en tirer pour l'Europe ?

Ces subventions et ces migrations sont intervenues au sein d'une même nation, dans le cas présent en Italie et en Allemagne entre Italiens et entre Allemands. Elles n'en ont pas moins soulevé de fortes passions.

Imaginons à quelle explosion de ressentiment nous assisterions si ces problèmes s'étaient posés entre des nations totalement différentes telles que la Grèce et les Pays-Bas, ou le Portugal et la Belgique. Une monnaie unique signifierait qu'un pays tel que la Grèce ne pourrait plus ajuster sa monnaie par rapport à celle des Pays-Bas, par exemple. Pour maintenir cette situation artificielle, les autres Européens devraient subventionner la Grèce. Faute de quoi, comme en Italie, on verrait se développer une migration massive des chômeurs grecs vers les autres régions de l'Europe.

Le traité de Maastricht reconnaît l'existence de ce problème. L'article 130 C stipule que « le Fonds européen de développement régional est destiné à contribuer à la correction des principaux déséquilibres régionaux dans la Communauté ».

Le Protocole sur la cohésion économique et sociale, annexé au traité, note que « la Banque européenne d'investissement prête des sommes considérables et de plus en plus importantes au bénéfice des régions les plus pauvres ».

L'article 123 déclare : « Il est institué... un Fonds social européen qui vise à promouvoir, à l'intérieur de la Communauté, les facilités d'emploi et la mobilité géographique et professionnelle des travailleurs... »

Il s'agit ici, je le souligne, non seulement de permettre la mobilité géographique, mais encore de la promouvoir et même de la subventionner.

Les auteurs de Maastricht semblent accepter l'idée reçue, selon laquelle ce serait aux gens de se déplacer vers les emplois et non l'inverse. Mais c'est là un nouvel exemple de l'ignorance du fonctionnement des sociétés humaines. Dans une société stable, chaque membre d'une famille a un rôle à jouer dans l'éducation des enfants. Cela a son importance pour les enfants eux-mêmes, mais aussi pour les générations plus âgées qui assurent une fonction sociale fondamentale. Les amis de la famille constituent « l'opinion publique » avec laquelle les enfants doivent compter. Mais si, pour trouver du travail, la famille restreinte – mère, père et enfants – doit se déplacer, alors les influences qui contribuent à l'éducation des enfants sont bouleversées et la fonction de la famille s'en trouve réduite. Souvent, cette fonction est transférée à des écoles qui, elles-mêmes, vivent une profonde crise morale. Les générations âgées, laissées en arrière, se regroupent dans des cités de retraite spécialisées, et les enfants deviennent plus anonymes dans les villes impersonnelles. La société commence, de la sorte, à se désagréger.

Dans des cas particulièrement graves, lorsque la famille s'effondre, les enfants recherchent des familles de substitution et trouvent des « succédanés » de parents dans des bandes urbaines.

Voilà comment le projet de monnaie unique, inévitablement, détruirait l'Europe. Nous créerions une série de « Cassa del Mezzogiorno », comme en Italie et avec les mêmes résultats. Nous ferions le nécessaire pour promouvoir et subventionner la mobilité géographique, c'est-à-dire des mouvements de migration à l'intérieur de l'Europe. Nous déstabiliserions des régions entières de l'Europe en transférant les peuples déracinés dans des concentrations urbaines qui déjà sont secouées par la croissance irréfléchie. Nous créerions inévitablement des forces centrifuges qui déchireraient l'Europe.

C'est pour cela, entre autres, que les auteurs du traité de Maastricht seraient responsables, s'il est appliqué, de la destruction de l'Europe.

Vous mentionnez la Belgique. N'est-elle pas, elle-même, un exemple de certaines des forces centrifuges que vous dénoncez ?

Bien sûr. La Constitution belge a été écrite en 1831. L'État ainsi créé regroupait des peuples très différents – principalement Wallons et Flamands. Pendant cent soixante années, ces différentes tribus ont tenté de vivre en harmonie à l'intérieur d'un État unique et artificiel, semblable à bien des égards à ce que nous propose Maastricht. Ils n'ont pas réussi et il y a quelques mois, le 23 avril 1993, le Parlement a voté la transformation de l'État en Confédération, transférant à chaque peuple une grande partie des responsabilités et de l'autorité qui jusqu'alors avaient été centralisées – quelle ironie ! – à Bruxelles. Lors du vote au Parlement, tous les partis politiques, représentant chacun des peuples qui avaient été regroupés dans cette construction artificielle, se sont levés pour applaudir au transfert du pouvoir.

Vous avez dit tout à l'heure que pour bien faire il faut d'abord savoir où nous voulons aller. Quels devraient être nos premiers objectifs en créant l'Europe ?

Nous avons besoin d'une Europe construite, c'est l'évidence, sur le socle des nations qui la constituent. Nous devons respecter les forces, les cultures et les traditions de chaque nation, et chacune d'elles doit conserver la très grande part de son pouvoir pour se gouverner. Cette Europe doit être capable de défendre son territoire, ainsi que ses intérêts vitaux à l'étranger. Elle doit pouvoir protéger son économie contre des blocs tels que l'Amérique du Nord ou le Japon et sa zone, mais aussi contre les pays en voie de développement où le coût de la main-d'œuvre n'est qu'une fraction du nôtre. Et elle doit établir une politique de l'environnement qui serait appliquée à l'intérieur de son territoire et qui influencerait les normes mondiales. La déstabilisation de l'environnement et ses méfaits ne respectent aucune frontière.

Le principal objectif de l'Europe doit être d'augmenter le contentement de ses populations ; de maintenir les cultures et traditions des nations qui la constituent ; de protéger sa stabilité sociale, ainsi que son environnement.

Dans ce but, quels sont les pouvoirs qui devraient être centralisés à Bruxelles ?

Principalement la défense, la diplomatie, la protection de l'environnement, ainsi que les pouvoirs nécessaires pour garantir un marché libre à l'intérieur de l'Europe.

Il est important de se rappeler que la démocratie, et j'irai plus loin en disant la liberté, est fondée sur le principe que ce ne sont pas les gouvernants qui déterminent les libertés à accorder aux citoyens. Il s'agit du contraire. C'est aux citoyens de décider quels pouvoirs ils sont disposés à prêter à leurs gouvernants.

Dans le cas de l'Europe, c'est le même principe qui doit être appliqué. Seules doivent être transférées au centre les responsabilités qui ne peuvent être assumées par les nations. C'est ce qu'était censé recouvrir le principe de la subsidiarité. La centralisation serait désastreuse. Les vastes rassemblements multinationaux de peuples divers gouvernés par de grandes administrations centrales ne sont pas stables, comme nous le montrent l'exemple de l'Union soviétique et, jusqu'à un certain point, celui de l'Amérique. Bruxelles ne doit devenir ni le Kremlin ni Washington.

Passons en revue les pouvoirs que vous jugez nécessaire de centraliser. Quelles seront les principales priorités de la défense européenne ?

D'abord, protéger notre territoire. Hors d'Europe, la population est en train d'exploser et, ce qui n'est pas mieux, un nombre immense de peuples est en voie de déracinement. Le double effet de l'explosion démographique et du déracinement systématique conduira à des mouvements migratoires qui submergeront les nations trop faibles pour y résister.

Au plan européen, une organisation militaire inspirée des structures de l'OTAN sera nécessaire. Mais elle consisterait exclusivement en forces militaires européennes. Son rôle serait de protéger les intérêts vitaux de l'Europe et, lorsque cela sera dans l'intérêt européen, elle pourrait coopérer avec les forces militaires des États-Unis soit d'une manière *ad hoc*, soit dans le cadre d'un OTAN dont l'objectif et les moyens auront été réévalués.

Et la diplomatie ?

Dispersés, nous n'avons pas la force suffisante pour influencer profondément ce qui se passe autour de nous.

Par cela, je ne veux pas dire se mêler de tout, comme le fait l'Amérique, maintenant qu'elle représente la seule superpuissance. Je veux dire influencer seulement les choses qui nous concernent réellement. Par exemple, le commerce international. L'Amérique cherche à imposer un libre-échangisme mondial. L'Europe réunie peut et doit s'en protéger. La diplomatie européenne en est un outil.

L'environnement offre un autre exemple. Les erreurs et les accidents d'un pays affectent le monde entier. Il faut donc que la force de la diplomatie européenne contribue à la création d'une politique de l'environnement applicable partout. C'est un des très rares exemples d'intérêts vitaux hors du territoire national. Chacun possède le droit légitime de s'inquiéter.

Que voulez-vous dire par « les pouvoirs nécessaires pour garantir un marché libre à l'intérieur de l'Europe » ?

Nous avons besoin d'un marché européen libre à l'intérieur duquel puissent circuler sans restriction marchandises, services et capitaux.

Cela est nécessaire d'abord parce que seules les forces du marché peuvent assurer une concurrence suffisamment vigoureuse pour exercer une pression constante sur les prix. Sans marché libre, les prix ne peuvent être réglés que par le contrôle bureaucratique. Nous avons été les témoins de la faillite d'un tel système.

D'autre part, ce sont les forces du marché qui maintiennent l'exigence d'innover et d'élargir l'éventail des choix. Lorsque la compétition est insuffisante, les entreprises n'éprouvent plus le besoin d'innover puisqu'elles n'ont pas à affronter la menace de concurrents.

Le manque de concurrence peut être le résultat soit de marchés trop étroits pour permettre à des concurrents adéquats d'apparaître, soit de l'existence de cartels publics ou privés. Il est évident que la CEE, avec ses 345 millions d'habitants, est d'une taille plus que suffisante pour assurer une concurrence vigoureuse.

La principale responsabilité économique des autorités européennes est de veiller à l'intégrité et à la liberté du marché à l'intérieur des frontières de l'Europe. Elles doivent pouvoir intervenir d'une façon efficace et rapide pour interdire les inhibitions à la concurrence saine, par exemple la formation de cartels, la passation d'accords entre fabricants limitant la concurrence européenne. En ce domaine, les autorités européennes ont besoin de pouvoirs forts car, sans eux, l'économie européenne se trouverait bloquée.

Mais nous avons assisté à des folies hallucinantes dans l'exercice des pouvoirs économiques accordés à la bureaucratie européenne de Bruxelles. Comme exemple d'agissements particulièrement ridicules, je vous cite : la directive sur la forme physique des concombres ; les tentatives de modifier les conditions de fabrication et de vente de nombreux fromages, y inclus camembert, reblochon, pont-l'évêque, roquefort, etc. ; la tentative d'édicter que le lait ne pourra plus être livré en bouteille de verre mais devrait nécessairement être fourni en boîtes de carton, et ainsi de suite. Voilà, hélas, des exemples de l'application du principe de subsidiarité par une bureaucratie centralisée hors de contrôle.

Vous avez critiqué le projet de création de monnaie unique. Par quoi le remplacerez-vous ?

Une monnaie unique signifie que toutes les monnaies nationales européennes seraient remplacées par une seule monnaie européenne. Pour des raisons de cosmétologie, les noms traditionnels pourraient subsister pour décrire la monnaie européenne dans chaque pays – le franc en France, la drachme en Grèce, le Deutsche Mark en Allemagne, etc. Mais cela ne change rien au fond. Il s'agit là d'une simple astuce bureaucratique pour faire croire à chacun que sa monnaie traditionnelle a été maintenue. Mais la réalité est qu'il n'existerait qu'une monnaie pour toute l'Europe, en dépit du nom différent qu'on lui attribuerait dans chaque pays.

Pour reprendre mon exemple de tout à l'heure, si l'économie de la Grèce n'est pas aussi efficace que celle des Pays-Bas, la Grèce, n'ayant plus sa propre monnaie, aurait perdu la possibilité d'ajuster la valeur de sa monnaie aux réalités de son économie. Elle se trouverait dans le même cas que l'Allemagne de l'Est par rapport à l'Allemagne de l'Ouest ou de l'Italie méridionale par rapport à l'Italie du Nord.

Nous en connaissons le résultat inévitable :

– soit le transfert de subventions vers le pays en difficulté ;

– soit le transfert des chômeurs de ce pays vers d'autres plus prospères.

Et, comme nous le savons, ces remèdes ne sont ni l'un ni l'autre efficaces.

Non, il faut construire sur l'écu et il faut maintenir nos monnaies nationales. Chacune serait convertible en écu selon une parité convenue. Ainsi, chaque nation européenne préserverait la possibilité d'adapter sa monnaie aux réalités de son économie, évitant ainsi les pièges de la monnaie unique.

De son côté l'écu, qui serait la monnaie commune européenne, aurait vocation à devenir une monnaie de réserve internationale. Actuellement, le monde n'a qu'une seule monnaie de réserve, le dollar. Si, face aux déséquilibres économiques américains, le dollar n'était plus en mesure de remplir ce rôle, il n'existerait alors aucun recours.

De toute façon, il est préférable que la monnaie de réserve internationale ne soit pas, en même temps, une monnaie nationale. La gestion de celle-ci, inévitablement, est liée aux besoins de la nation concernée et non à ceux de l'économie globale.

L'écu serait géré par le Système européen de Banques centrales (SEBC) et par la Banque centrale européenne, suivant d'ailleurs en cela les orientations élaborées par Maastricht.

Comment seraient établies les parités d'échanges entre les monnaies nationales et l'écu ?

Par une sorte de SME (Système monétaire européen). Mais peut-être un peu plus flexible que l'original. Si nous voulons un marché libre européen, il est impératif d'accepter une discipline monétaire.

Vous savez, le SME, tel qu'il a été conçu, a bien fonctionné. Il s'agissait d'un mécanisme flexible. Ensuite les auteurs de Maastricht ont voulu utiliser le SME comme passerelle pour atteindre la monnaie unique. Le résultat a été que les monnaies perdaient leur liberté de dévaluer et de réévaluer, pour s'ajuster aux réalités économiques. Nous sommes passés d'un système flexible à une structure rigide. La zone du SME est passée d'une zone de tranquillité à une zone de typhons monétaires. Voilà encore un exemple de la dévastation provoquée par les auteurs de Maastricht et qui a bouleversé l'Europe.

Il est nécessaire d'interdire des dévaluations compétitives qui fausseraient complètement le marché. Il est nécessaire d'envisager un système par lequel les réalignements de parités d'échange ne soient plus uniquement faits à la demande du pays concerné, mais qu'ils pourraient, aussi, être proposés par ses partenaires. Autant que possible, les réalignements doivent refléter les réalités économiques mesurées selon des critères objectifs.

Souvent, on me demande la différence entre « monnaie unique » et « monnaie commune ». J'explique que c'est la même qui existe entre un paralysé et un athlète. La monnaie unique est figée, incapable de s'ajuster aux réalités. La monnaie commune est souple et peut répondre aux inévitables variations économiques nationales.

Votre idée de monnaie commune n'est-elle pas proche de la proposition britannique du « hard » écu ?

Oui, à beaucoup d'égards. Mais je vous rappelle que j'ai lancé cette proposition il y a plus de trois ans, lorsque j'ai prononcé à Londres la conférence annuelle de l'Institute of Directors. Et cette conférence précédait de plusieurs mois la proposition britannique. Ce n'est pas pour autant que j'en réclame la paternité !

Maastricht établissait des objectifs de convergence économique pour chaque nation. Qu'en faites-vous ?

Ils doivent être maintenus. Chaque nation doit tenter d'atteindre et de respecter ces critères. Cela est nécessaire car, pour bien fonctionner, un marché libre doit couvrir une région constituée d'économies plutôt homogènes.

A l'époque où ces critères ont été évoqués, tout le monde recherchait une situation macro-économique saine. Aujourd'hui, à l'exception, je crois, du Luxembourg, plus personne ne répond aux critères de Maastricht.

Certains disent que cela renvoie aux calendes grecques la mise en place de la monnaie unique. Donc qu'il n'est plus besoin de s'en inquiéter parce qu'il est peu probable qu'elle nous soit imposée. Personnellement, je pense que dans ce monde moderne, quand les choses vont mal, plutôt que de régler les problèmes, on en accommode les symptômes. Après la ratification de Maastricht, nous verrons émerger des propositions visant à changer les critères de convergences pour accommoder le désorde économique actuel.

Dans ces conditions, de quelle structure l'Europe devrait-elle se doter ?

De la structure minimum. Elle doit refléter le principe fondamental sur lequel l'Europe doit être bâtie – celui de la subsidiarité. Les institutions européennes doivent limiter leurs initiatives et leur autorité aux questions qui les concernent, c'est-à-dire à celles que les nations constituantes de l'Europe ont accepté de leur confier.

Nous savons tous que les législateurs légifèrent continuellement et que les bureaucrates, d'ailleurs publics ou privés, ont la particularité d'adopter comme objectif l'agrandissement et la perpétuation de leur bureaucratie.

Donc, l'institution européenne la plus importante sera celle qui doit veiller à ce que le principe de subsidiarité soit respecté scrupuleusement par chacun.

Il ne faut pas oublier que l'Amérique a été originellement conçue comme une fédération de peuples libres. Mais peu à peu cette conception a été étouffée par l'autorité centrale. Le prix Nobel américain, James Buchanan, estime que James Madison, l'un des pères fondateurs de la Constitution des États-Unis, n'aurait jamais pu croire que sa conception du fédéralisme dégénérerait en un « Léviathan centralisé ». Voilà notre première tâche. Éviter une telle dégénérescence.

Et comment ?

Il faudrait créer un genre de Sénat constitutionnel européen. Quelque chose qui regrouperait certaines des fonctions et du Sénat et d'une Cour suprême.

Le Sénat constitutionnel européen aurait pour tâche unique de s'assurer que les autorités européennes ne violent pas le principe de subsidiarité ; que les gouvernements des nations européennes ne cèdent pas à la tentation de centraliser progressivement d'autres responsabilités ; et qu'ainsi la stabilité, les traditions et la culture de chaque nation européenne soient respectées.

Qui nommerait les membres de ce Sénat?

Ces membres devraient être assurés d'une grande stabilité. Ils devraient pouvoir s'élever au-dessus des politiques partisanes, et pour cela bénéficier de mandats stables. Peut-être devraient-ils être élus par magistrats et sénateurs des nations membres, avec une petite dose nommée par les gouvernements. Enfin quelque chose de ce genre.

Et le Parlement européen?

Il est déjà doté de différents pouvoirs dont certains sont utiles, par exemple, le droit de ratifier les accords entre la Communauté et les pays tiers et d'approuver l'intégration d'autres nations au sein de la Communauté. Mais on propose aussi que le Parlement assume d'autres pouvoirs qui ne sont pas compatibles avec le principe de subsidiarité. Maastricht lui conférerait le pouvoir conjoint, avec la Commission européenne, de légiférer sur des sujets tels que l'éducation, la recherche, le développement, la santé publique, la culture, et ainsi de suite.

Tout cela est à repenser. Il va de soi que le rôle du Parlement est difficile à définir. Bien entendu, nous voulons une dose plus forte de démocratie au sein des institutions européennes. Mais nous ne devons pas étouffer les institutions démocratiques des nations constituantes, qui sont leurs Parlements et leurs gouvernements.

D'autre part, comme je l'ai déjà dit, les assemblées établies pour légiférer possèdent une dynamique structurelle pour le faire continûment même lorsque ce n'est pas nécessaire. En conséquence, il ne faut pas les y encourager.

Probablement le Parlement européen devrait-il pouvoir nommer un certain nombre de représentants aux institutions européennes. Et aussi débattre et voter des projets de loi se rapportant directement aux responsabilités européennes. Mais ces lois ne deviendraient définitives qu'après approbation des Parlements nationaux et du Sénat constitutionnel européen.

Cela n'est pas très clair...

Non, mais l'interaction du Parlement européen avec les Parlements nationaux, la Commission, le Sénat constitutionnel européen est pleine de pièges. Il faut permettre au temps de nous éclairer et il ne faut pas, simplement, accumuler les pouvoirs sans réfléchir à la structure de l'Europe que nous voulons.

Quel serait le rôle de la Commission européenne ?

Je pense que cette Commission est vraiment trop bureaucratique. Cela manque terriblement de démocratie. Nous le voyons tous les jours. Leur instinct est corporatiste. Ses membres devraient être nommés par les gouvernements des différentes nations européennes avec, probablement, une représentation désignée par le Parlement européen. Leurs mandats devraient être de courte durée. Contrairement aux sénateurs constitutionnels qui doivent se tenir au-dessus de la mêlée, les membres de la Commission doivent être, eux, constamment sensibles aux désirs de leurs électorats nationaux. Donc leurs mandats devraient être annuels, mais renouvelables.

Quelle devrait être notre attitude vis-à-vis des pays de l'Europe de l'Est ?

Leur stabilité est une condition fondamentale de la nôtre. Nous partageons le même continent et, dans une large mesure, la même histoire. Donc, il faut que nous les aidions. Mais sans réduire leur indépendance et sans déstabiliser l'Europe de l'Ouest.

Êtes-vous favorable à un genre de plan Marshall?

Sûrement pas. L'expérience de l'Allemagne de l'Est, dont nous avons parlé tout à l'heure, est la démonstration qu'un tel plan ne résoudrait rien.

Il faut d'abord et surtout laisser agir les intéressés. Ils le font bien dans des conditions extrêmement difficiles. Il n'existe pas de solution miracle et passe-partout. Chaque pays est différent, les circonstances sont différentes. On l'a bien vu en Tchécoslovaquie : ce qui était valable pour les Tchèques ne l'était pas pour les Slovaques.

Vous vous souviendrez qu'après la chute du mur de Berlin, c'était chose courante d'entendre dire que les pays de l'Est ne pourraient se remettre qu'avec notre aide active. Eh bien, c'est le contraire qu'on aura vu. La Pologne, l'Estonie, la République tchèque sont autant d'exemples de nations en voie de rétablissement. L'Allemagne de l'Est et la Russie souffrent terriblement de notre intervention. La grande exception est le nucléaire, et nous y reviendrons, sûrement, lorsque nous parlerons de l'énergie.

Avez-vous l'impression que les leaders politiques des pays de l'Est seraient d'accord avec vous ?

J'ai participé à Prague à une réunion d'hommes politiques libéraux provenant des pays d'Europe de l'Est. Le thème de ces entretiens était justement : quelles relations entre leurs pays et la CEE ? Les problèmes ont été passés en revue et la conclusion fut peut-être un peu surprenante pour nous autres, gens de l'Ouest. En termes généraux, la voici.

Nous avons vécu sous la botte d'un système bureaucratique et centralisé au Kremlin. Nous en avons suffisamment souffert. Sans suggérer que Bruxelles puisse avoir les mêmes intentions néfastes que le Kremlin – certainement pas –, on semble y adopter une structure centralisée, bureaucratique et prétendant se mêler de tout. Donc, il est inévitable que nous nous en méfiions en dépit des bonnes intentions proclamées.

En fait, ce que recherchent ces libéraux, c'est une association avec le Marché commun, une ouverture pour leur production et leur commerce.

Est-ce souhaitable ?

Oui et non. Ouvrir inconditionnellement et subitement nos frontières déstabiliserait notre société. Il est évident que celles de nos industries qui utilisent une main-d'œuvre nombreuse ne peuvent concurrencer celles de pays où le coût du travail ne représente qu'une fraction du nôtre. Le résultat serait une impossibilité pour nous d'éviter un choc d'importation suivi de délocalisation de nos industries à haute teneur de main-d'œuvre. De plus, notre agriculture recevrait encore un mauvais coup.

Par contre, il faut encourager les pays de l'Est tels que la Hongrie, la République tchèque, la Pologne à former ensemble un marché commun à l'intérieur duquel les marchandises pourraient circuler librement. Les marchés libres ne peuvent fonctionner valablement que s'ils sont constitués d'économies raisonnablement homogènes. La Communauté traiterait avec ce bloc pour créer, comme je l'ai dit, une ouverture qui soit valable pour chacun.

Laquelle ?

Il faudra donner accès à notre marché à un certain nombre de leurs produits. Il faudra le faire tranquillement, progressivement et selon les possibilités réelles offertes par la conjoncture économique. Il ne faudra pas agir d'une façon utopique ni brusquée car cela risquerait de déstabiliser les bases mêmes de nos sociétés, comme ce fut le cas en Allemagne de l'Ouest.

Dans ces conditions, comment leur ouvrir nos frontières ?

D'abord négocier les catégories de produits que nous pouvons absorber, et ensuite établir un calendrier. Mais cela n'est pas tout. Il importe de rétablir un équilibre tel que notre industrie ne soit pas mise en situation intenable en raison des différences des conditions de travail existant entre les deux régions. Pour cela, il faudra appliquer un tarif spécial variant dans le temps pour tenir compte de l'évolution et chez eux et chez nous, et qui tiendra compte aussi des variations des parités monétaires.

Une sorte de taxe ?

Pas exactement. Mais un tarif stabilisateur dont le but ne serait pas d'augmenter les taxes que nous récoltons, mais de créer un équilibre sain dans le commerce proposé, et cela afin d'éviter de nous déstabiliser nous-mêmes.

Ainsi les sommes perçues par les pays de l'Ouest

sur les importations seraient réinvesties à l'Est. Non pas sous forme de subventions ni d'œuvres de charité. Mais sous forme d'investissement décentralisé entrepris par le secteur privé.

Les avantages d'un tel système seraient que les pays de l'Est se verraient dotés de l'accès à nos marchés mais à des prix qui ne déstabiliseraient pas l'Ouest. Les sommes perçues comme taxe d'importation seraient recyclées à l'Est sous forme d'investissement commercialement valable.

Les pays de l'Europe occidentale, pour leur part, ouvriraient leurs frontières sans créer de chocs insupportables. Une bonne partie des fonds réinvestis à l'Est bénéficierait à notre industrie qui très probablement fournirait une large part de l'équipement nécessaire.

Et, à long terme, quel serait l'objectif?

Progressivement, selon les possibilités, augmenter le volume d'échanges. Progressivement réduire les tarifs stabilisateurs. Progressivement évoluer vers une certaine homogénéité des économies de l'Est et de l'Ouest. Et à ce moment-là, si chacun le désire, créer un grand espace européen.

Cela prendra combien de temps ?

Le temps qu'il faudra. La chose qui pourrait tout retarder serait une crise économique grandissante et durable chez nous. Pour le moment, c'est plutôt chez nous que le problème se pose.

Jacques Attali, lorsqu'il était président de la BERD, préconisait d'arrimer très vite les économies de l'Est aux économies européennes afin de former un vaste ensemble continental, grâce auquel l'Est servirait de réservoir de croissance aux pays de l'Ouest. Qu'en pensez-vous ?

Je ne connais pas Jacques Attali et l'intention est tout à fait honorable. Moi aussi je souhaite une Grande Europe. Mais, hélas, les socialistes – il faudrait plutôt parler de corporatistes, maintenant que la doctrine socialiste est plus ou moins morte – maintiennent leur rêve du très grand et tout de suite. Le gigantisme, pour les corporatistes, est un but en soi. Il permettrait de transformer Bruxelles en ville-administration, où se construiraient de vastes buildings, les uns à côté des autres, l'un pour s'occuper des machines-outils, l'autre de la high-tech, et ainsi de suite.

Ils n'ont pas encore compris que les entreprises géantes, les mastodontes créés par les bureaucrates, se sont révélés totalement inefficaces. Et quant à la précipitation, elle n'est pas pour eux un problème car, pour eux, l'État se chargera des dégâts...

La grande différence entre un corporatiste et un libéral est que le premier croit au monopole, le second à la diversité.

Les pièges du libre-échange

Vous vous êtes déclaré hostile au libre-échange à l'échelle mondiale. Donc adversaire du GATT. Pourquoi ?

Il faut se donner le courage de repenser entièrement les raisons pour lesquelles nous avons pu croire aux bienfaits du libre-échange à l'échelle mondiale. Il faut essayer d'en comprendre les conséquences dans toute leur étendue. Et il faut tenter d'établir les objectifs que nous devrions viser. Hélas, tout cela est difficile car le concept du libre-échange mondialiste est devenu un principe sacré de la théorie économique, une sorte de dogme moral.

Pour ma part, je pense que le GATT, et avec lui la pensée sur laquelle il repose, est vicié irrémédiablement et qu'il appauvrira et déstabilisera le monde industrialisé, tout en ravageant cruellement le tiers monde.

Voulez-vous rappeler le fond de cette « pensée » sur laquelle repose le GATT ?

La théorie du libre-échange se fonde, c'est bien connu, sur l'œuvre de David Ricardo [1], économiste du début du XIXe siècle. Il s'appuie en particulier sur deux concepts étroitement liés : la spécialisation internationale et la loi des avantages comparatifs. Selon Ricardo, chaque nation devrait se spécialiser dans les activités pour lesquelles elle excelle et qui lui procurent un avantage relatif sur les autres pays. Ce principe, une fois établi, rend nécessaire un système de libre-échange, afin que chaque nation puisse vendre à une autre les produits de sa spécialisation et, à son tour, importer les produits qu'elle ne fabriquerait plus. Ainsi les échanges internationaux gonfleraient le volume du commerce mondial. A son tour, ce dernier entraînerait un accroissement de la production et de la productivité, apportant à tous, selon la conséquence prétendue, une prospérité plus grande. Mais, dans les circonstances économiques et sociales qui prévalent actuellement, ces idées sont fausses et, appliquées à l'échelle mondiale, elles auraient des conséquences réellement tragiques.

1. *Des principes de l'économie politique et de l'impôt*, Londres, 1817.

Pourquoi ?

D'abord parce que aujourd'hui ont surgi, dans le système économique mondial, de nombreux pays dans lesquels le coût de la main-d'œuvre est une fraction de celui qui existe dans le monde industrialisé. La surpopulation actuelle et la rapide croissance démographique, qui existent dans ces pays, laisseraient prévoir que cette disparité des conditions sera, dans le meilleur des cas, de très longue durée. De plus, nous vivons maintenant dans un monde où le transfert de technologie et de capitaux est devenu libre et quasiment instantané.

Comment voulez-vous que celles de nos industries qui utilisent une main-d'œuvre nombreuse et une technologie relativement simple puissent concurrencer celles de pays où le coût et les conditions de travail sont sans rapport de grandeur. Il ne s'agit pas simplement de main-d'œuvre à meilleur marché mais de conditions totalement différentes, comme si l'on avait affaire à un autre monde ou à une autre planète.

Bien sûr, nos industries ne peuvent pas les concurrencer. Elles ont donc le choix entre la mort et le transfert de leurs productions vers cette autre planète pour ensuite importer en Europe les produits ainsi fabriqués à bon marché. C'est le phénomène qui est bien connu sous le nom de « délocalisation ».

Il y a aussi le problème des parités d'échange entre les différentes monnaies ?

Bien sûr. Lorsque Ricardo mesure un avantage comparatif, il le calcule en termes monétaires. Si en France un article coûte X francs et aux États-Unis Y dollars, il suffit de convertir les dollars en francs pour savoir où il est plus avantageux de se le procurer.

Mais les termes de cette comparaison peuvent être soudainement et brutalement modifiés par une dévaluation ou une réévaluation de l'une des monnaies. En 1981, le dollar valait 4,25 francs ; en 1985, il a dépassé 10 francs pour redescendre à 4,80 francs en 1992.

Il serait tragique de sacrifier, partiellement ou totalement, des branches d'activité nationale, y compris l'agriculture, sous prétexte de tirer parti d'un avantage qui, d'un seul coup, pourrait être inversé par une simple manipulation financière.

Vous ne croyez donc pas à la théorie des avantages comparatifs. Que pensez-vous de celle de la spécialisation ?

Elle est aux antipodes de nos besoins. Lorsqu'on se spécialise, il est évident qu'on abandonne certains secteurs de l'économie pour se concentrer sur d'autres. Il est évident, et même structurel, que la spécialisation force la concentration de l'activité sur celles où l'on est censé avoir un avantage comparatif.

Mais pensez-y. Dans les conditions qui modulent le monde d'aujourd'hui, on ne peut que se concentrer sur les activités utilisant peu de main-d'œuvre. Seules ces activités peuvent permettre à un pays à hauts salaires d'obtenir un avantage comparatif. Ainsi la conséquence inexorable de la spécialisation est, immanquablement, le développement d'entreprises toujours plus grandes, la mort des petites et moyennes entreprises, la création d'un chômage chronique. Vous n'avez qu'à regarder la liste des plus grandes sociétés du monde pour être frappé par le fait que, même pendant la période de forte croissance économique des années 80, les grandes sociétés réduisaient leurs effectifs. Ce sont précisément ces sociétés, celles sur lesquelles nous sommes forcés de nous concentrer et qui, déjà relativement à leur taille, ne sont pas de grandes utilisatrices de main-d'œuvre, qui, de surcroît, continuent à réduire le nombre de leurs employés. C'est pour cela que nous avons vu aller de pair croissance économique et aggravation du chômage.

Mais certains avancent que la construction de ces grands groupes nous permet de vendre à l'exportation autant que nous importons. N'est-ce pas la preuve d'un équilibre ?

Voilà un raisonnement moderne typique : mesurer sans comprendre. Lorsque ces gens parlent d'équilibre, ils devraient essayer d'abord de comprendre ce qu'ils veulent équilibrer. Lorsque nous nous concentrons sur de gros groupes industriels, très automatisés, et donc relativement peu employeurs de main-d'œuvre, nous exportons des produits qui, bien évidemment, ne « contiennent » que peu de main-d'œuvre. Lorsque nous importons de régions à main-d'œuvre bon marché – là où l'on a délocalisé nos industries qui emploient du monde –, on importe des produits « contenant » beaucoup de main-d'œuvre.

Donc, si on calcule l'échange strictement en termes d'argent, on trouve en effet un équilibre. Mais, si on essaie de comprendre, on s'aperçoit que, pour fabriquer les produits que nous avons exportés, nous avons employé peu de monde tandis que, pour fabriquer les produits que nous avons importés, il a fallu beaucoup de main-d'œuvre. Conséquence : l'installation d'un chômage chronique chez nous avec toutes ses conséquences sociales.

Les secteurs de services ne peuvent-ils fournir une compensation ?

A coup sûr, le développement des métiers de services pourra engendrer des emplois. Mais, attention, prenez garde de ne pas reproduire les erreurs qui ont été faites en Angleterre depuis la guerre. Pendant un long moment, les Anglais se sont bercés de l'illusion selon laquelle leur niveau d'emploi était plus ou moins stable. Mais ils commettaient l'erreur de ne surveiller que les indices nets sans étudier leur vraie signification.

A la fin des années 70, un économiste anglais, Walter Eltis, a analysé les chiffres sur l'emploi. Il a conclu que, sous la surface des choses, s'était effectué un transfert progressif et très important par lequel l'emploi passait du secteur productif au secteur dépensier. Cette division se faisait en classifiant les activités entre celles qui produisaient la richesse et celles qui la dépensaient. L'exemple le plus parlant était l'agriculture ou la sidérurgie, d'un côté, et les services de la santé publique, de l'autre.

La conclusion de cet économiste a été qu'une économie nationale saine doit pouvoir produire une partie importante de ses besoins. Elle ne peut pas tout simplement importer les produits qui lui sont nécessaires et employer sa population à fournir des services qu'elle ne peut pas payer, quels que soient la nécessité et les bienfaits de ses services.

Mais, de toute façon, si nous continuons à suivre les mêmes doctrines économiques et sociales, nous continuerons à faire grimper le niveau du chômage. D'ailleurs la Commission de Bruxelles, dont les prévisions sont souvent trop optimistes, prévoit qu'à l'horizon 2000 le taux de chômage en France grimpera du niveau d'aujourd'hui, environ 10,6 %, pour atteindre 12,6 %, et cela en dépit d'une croissance économique prévue de 2,4 % l'an. Ces chiffres semblent confirmer que, si nous continuons à suivre le même chemin, loin de créer des emplois, la croissance en détruira.

Je vais, si vous le voulez bien, passer en revue les principales objections que vous opposent les partisans du libre-échange et de la mondialisation de l'économie. D'abord, n'avons-nous pas la responsabilité morale d'ouvrir nos marchés au reste du monde ?

Je vous réponds en citant des passages d'un rapport de Herman Daly et Robert Goodland publié par la Banque mondiale [1] :

« Si, par une politique avisée ou un coup de chance, un pays a pu contrôler sa croissance démographique et assurer à ses travailleurs (c'est-à-dire à la plus grande majorité de ses citoyens) une protection sociale, de hauts salaires, un temps de travail raisonnable, etc., devrait-il permettre que tous ces avantages soient rabaissés à la moyenne mondiale par la concurrence qu'entraînerait un commerce international non régulé ? Ce nivellement dcs salaires se ferait inexorablement par le bas, étant donné la masse considérable et la rapide croissance des populations sous-employées du tiers monde. Les travailleurs du Nord s'appauvriraient, tandis que ceux du Sud resteraient sensiblement au même niveau de vie.

1. 25 septembre 1992. Département de l'Environnement, Banque mondiale.

« Comme il est peu vraisemblable que les salaires s'accroissent dans les pays pauvres, étant donné leur surpopulation actuelle et leur rapide croissance démographique, le résultat net pourrait être une transition démographique à l'envers où l'on assisterait, simultanément, à un accroissement de la population mondiale et à une baisse des revenus dans les pays auparavant à hauts salaires. »

Pour ma part, je rappellerai seulement que l'Europe des douze, dans trente ans, ne représentera que 4,5 % de la population mondiale prévue.

Selon les partisans du GATT, ce sont les nations du tiers monde elles-mêmes qui demandent la liberté du commerce mondial. N'est-ce pas le cas ?

Il faut savoir distinguer entre les intérêts des élites qui dominent la politique, l'administration et les affaires, et ceux des peuples de ces nations. Les élites, hélas, sont généralement venues chercher leurs idées chez nous.

Comme l'a dit sir Allan Walters [1] à propos de l'aide aux pays étrangers, il s'agit de « faire subventionner les riches des pays pauvres par les pauvres des pays riches ».

1. Ancien conseiller économique de Mme Margaret Thatcher.

Laissez-moi vous expliquer ce qui se passe lorsque la puissance dominante, pour le moment les États-Unis, impose sa volonté de libre-échangisme mondialiste.

Prenez justement le cas des pays du tiers monde, et plus particulièrement leurs agriculteurs. N'oubliez pas que la concurrence est une forme de guerre contrôlée. D'un côté, vous trouvez des monocultures industrialisées, utilisant toutes les méthodes chimiques, pharmaceutiques et biotechniques des systèmes intensifs, et appuyées par des subventions directes et indirectes. De l'autre, vous trouvez l'agriculture traditionnelle.

Étant donné les avantages à court terme de l'agriculture intensive et les subventions dont elle bénéficie, les communautés traditionnelles où prédominent encore les petites et moyennes exploitations familiales seront balayées comme par un cataclysme ; des populations entières seront déracinées et jetées dans les taudis des villes.

Prenons l'exemple du Viêt-nam. C'est l'un des nombreux pays de ce monde qui tentent leurs premiers pas pour sortir du marxisme-léninisme. Il compte 67 millions d'habitants, dont 78 % de paysans. Les arracher à la terre pour les jeter dans les bidonvilles causerait un désastre plus profond et plus durable que les horreurs du communisme ou même de la guerre.

On estime à 3 milliards 100 millions la population rurale dans le monde entier. Supposons que ce chiffre soit réduit – en pourcentage de la population – à celui de ces « pays neufs » que sont le Canada ou l'Australie. Cela se traduirait par un exode rural de plus de deux milliards de personnes. Ces réfugiés du GATT auraient été sacrifiés sur l'autel d'une conception perverse de la « productivité » et du « libre-échange ».

Les pays neufs n'ont pas compris que leurs structures sociales sont tout à fait différentes de celles des nations anciennes, dont la population ne s'est pas constituée essentiellement par l'immigration. Quand les immigrants sont arrivés au Dakota du Nord, par exemple, ils n'y avaient pas trouvé une société ancrée dans la vie villageoise, avec des traditions profondément enracinées. Ils y découvrirent des espaces ouverts, pratiquement inhabités, où vivaient des tribus indiennes peu nombreuses. Ils ne se soucièrent pas des bouleversements sociaux qu'entraînerait la création de vastes exploitations agricoles. Ce serait une grave erreur pour le reste du monde que de suivre leur exemple.

Autre objection : un rapport publié par l'OCDE suggère que les propositions du GATT, si elles étaient appliquées, entraîneraient un accroissement de la production mondiale de près de 200 milliards de dollars. Comment pouvons-nous refuser de bénéficier d'une telle somme de croissance ?

Selon ce même rapport, cette croissance ne serait réalisée que dans dix ans. Elle ne représenterait alors que 0,6 % de la production mondiale. Au demeurant, Jean-Claude Paye, secrétaire général de l'OCDE, qualifie ce rapport de « hautement théorique ».

On avance aussi que l'Europe et surtout ses consommateurs bénéficieraient de la possibilité d'importer à bas prix des pays pauvres les produits requérant beaucoup de main-d'œuvre.

La réponse, hélas, est que dans une période de fort chômage les coûts économiques induits par la croissance du nombre de chômeurs pèsent plus lourd que les économies apparemment obtenues au moyen d'importations à bon marché. Et ce sont les mêmes consommateurs qui paient ces coûts, mais indirectement, par voie d'impôts.

Quant au coût de la misère et de la déstabilisation sociale, il ne peut être évalué. Il blesse si profondément qu'il n'est plus chiffrable.

La dernière objection que je vais vous opposer est la suivante : si l'Europe se protège, elle se fermera sur elle-même, perdra de sa vigueur et sera coupée des innovations qui naissent ailleurs dans le monde. Qu'en pensez-vous ?

Le marché européen est trop gros pour être contourné. Si une compagnie étrangère mettait au point un type de produit utile à l'Europe, elle fournirait le marché européen soit en créant une entreprise en Europe, soit en accordant une licence à une firme européenne, qui, elle, fabriquerait ce produit sur le vieux continent.

Mais je pense que la première partie de votre question est la plus importante. Comme tout libéral, je crois aux marchés libres. Comme je vous l'ai déjà dit lorsque nous parlions de l'Europe, seules les forces d'un marché libre sont capables d'assurer une concurrence suffisamment forte pour exercer une pression continue sur les prix ; elles seules peuvent garantir la nécessité d'innover et d'élargir la panoplie des choix. Lorsque la concurrence n'est pas suffisante, les prix ne peuvent être contrôlés par le marché; la seule alternative est alors leur réglementation bureaucratique. Nous connaissons la faillite d'un tel système. De plus, lorsque la compétition économique est faible, les entreprises n'éprouvent plus le besoin d'innover, puisqu'elles n'ont pas à faire face à la concurrence.

Le manque de concurrence peut être la conséquence soit de marchés trop étroits pour permettre à des concurrents adéquats d'apparaître, soit de la prédominance de cartels publics ou privés. Bien évidemment, la CEE, avec ses 345 millions d'habitants, est d'une taille plus que suffisante pour assurer une concurrence vigoureuse. Encore faudra-t-il que les autorités économiques européennes ne trahissent jamais une de leurs toutes premières responsabilités : maintenir un marché libre et sain, sans permettre la construction de cartels soit par association, soit par accord explicite ou tacite.

Quelles sont vos conclusions pratiques pour l'avenir de l'Europe ?

Premièrement : ne soyez pas impressionné par les menaces américaines. A chaque époque, les lois du commerce ont été édictées par la nation industrielle dominante. Au XIXe siècle, c'était la Grande-Bretagne ; au XXe siècle, cela aura été les États-Unis. Mais regardons un peu les chiffres. La balance commerciale de l'Europe avec les États-Unis était déficitaire de 6 milliards d'écus en 1989 et de 21 milliards en 1991 (près de 140 milliards de francs). N'est-il pas étrange de voir le fournisseur menacer son client, et plus étrange encore que celui-ci prenne au sérieux ses menaces ?

Deuxièmement : reconnaissons une fois pour toutes que la croissance économique n'a de valeur que pour autant qu'elle renforce la stabilité de nos sociétés et qu'elle en augmente le contentement. Tirez les leçons de ces décennies de fortes croissances accompagnées de chômage grandissant, et de véritables épidémies de criminalité, de drogue et d'effondrements sociaux.

Troisièmement : rejetons la spécialisation. Nous avons besoin, au contraire, d'une économie très diversifiée. Seule la diversification nous permettra de faire participer l'ensemble de nos populations à une économie saine.

La spécialisation conduit inévitablement au sous-emploi chronique et aux faux remèdes tels que celui proposé par le projet de « partage du travail ». Un tel projet s'attaque aux symptômes, nullement aux causes.

Nous avons besoin d'une société riche d'une

multitude d'artisanats et de petites et moyennes entreprises couvrant un large spectre d'activités.

Quatrièmement : nous devons rechercher la « subsidiarité » dans le domaine économique et social, comme nous le faisons dans celui des structures politiques.

J'entends par là qu'il ne faut centraliser que ce qui ne peut être mené à bien sur une base décentralisée ; la société doit être fondée sur le développement local plutôt que sur la concentration urbaine. Tout doit être fait pour redonner vie et vigueur à nos provinces.

Et enfin il faut rejeter, sans complexes, le GATT et protéger l'Europe. N'autorisons l'accès à notre marché que lorsque nous y trouvons notre intérêt. Intérêt qui peut être envisagé sous le double aspect économique et social.

Mais comment pourrait-on persuader la Grande-Bretagne et l'Allemagne du bien-fondé de ces idées ? Pour le moment, elles y sont entièrement hostiles.

C'est un vrai problème. La France pourrait se trouver isolée. Mais ce n'est pas pour cela qu'elle doit participer à un suicide collectif.

Il est évident que le cas de la Grande-Bretagne et celui de l'Allemagne sont très différents.

En Grande-Bretagne règne encore une espèce de nostalgie coloniale. Mais, en réalité, il est probable que les conservateurs n'ont pas réfléchi aux problèmes de fond et que, tout simplement, ils ont accepté, sans le mettre en question, leur héritage idéologique. Quant aux socialistes, après l'échec de leur credo, ils ont couru pour reprendre celui des autres sans vraiment les comprendre. Ils sont devenus libres-échangistes-mondialistes par réflexe.

Cela est particulièrement étonnant lorsqu'on pense aux origines des idées de libre-échange en Grande-Bretagne. Au début du XIXe siècle, la révolution industrielle est née en Grande-Bretagne. Donc, elle possédait un quasi-monopole de l'industrie.

Les nouveaux barons de l'industrie avaient des besoins tout à fait différents de ceux de leurs prédécesseurs, les propriétaires terriens.

L'industrie voulait de la main-d'œuvre abondante et bon marché. De plus, elle cherchait une clientèle à laquelle elle pouvait vendre sa production industrielle.

Il lui fallait donc ouvrir les frontières pour que soient importées des colonies des denrées très bon marché. Le résultat en était inévitable. La campagne britannique fut déstabilisée ; il s'en est suivi un exode rural ; les paysans ainsi chassés de la terre se sont réfugiés dans les villes ; les importations d'aliments à bon marché ont permis, d'une part, de leur procurer une nourriture à bas prix et, d'autre part, de maintenir des salaires bas. De plus, le transfert monétaire vers les colonies, conséquence des importations de denrées d'origine coloniale, permettait aux colonies d'accroître leurs achats de produits manufacturés. La Grande-Bretagne étant alors pratiquement le seul pays industriel, c'était son industrie qui en aurait le bénéfice. Aujourd'hui, les circonstances sont diamétralement opposées. C'est un changement à 180 degrés.

Il ne reste plus que 1,1 % de sa population travaillant la terre. Au lieu de chercher de la main-d'œuvre à employer, l'industrie britannique ne sait qu'en faire. Donc, cette vaste population habite dans des concentrations urbaines interminables. Et il ne faut pas oublier les effets démographiques du déracinement général. En 1800, la population de la Grande-Bretagne était de 10 millions. Aujourd'hui, elle atteint 54 millions. Quant aux transferts monétaires vers les pays fournisseurs de la Grande-Bretagne, ils ne s'approvisionnent plus en produits manufacturés en Angleterre. Ils vont se servir chez des fournisseurs plus avantageux comme le Japon, Taiwan, et ainsi de suite. De son côté, la Grande-Bretagne est devenue importatrice de quasiment toutes les grandes catégories de produits – de l'agriculture à la haute technologie.

Mais, ce qui est ahurissant, c'est le fait que personne ne semble se poser cette simple question : si les conditions qui ont provoqué une stratégie sont entièrement renversées, il serait peut-être utile d'étudier la possibilité que la stratégie ait besoin à son tour d'être révisée.

Mais non, les idées en cours sont devenues des dogmes de caractère presque religieux. On continue à vous expliquer que la Grande-Bretagne, par tête d'habitant, figure parmi les plus grands exportateurs mondiaux. On oublie deux choses, qui ne sont pas négligeables. D'abord, elle importe beaucoup plus qu'elle n'exporte. Mais, ce qui est plus fondamental, elle exporte des produits ne « contenant » que peu de main-d'œuvre. Il s'agit du phénomène que je décrivais tout à l'heure. On ne peut pas, valablement, comparer les exportations et les importations sur la seule et unique base de leurs valeurs monétaires. Il faut approfondir les conséquences pour comprendre leurs effets sur le marché du travail et sur la stabilité sociale.

Quelles conclusions tirez-vous de ces diverses considérations ?

La crise économique et sociale qui traque la Grande-Bretagne depuis longtemps ne fait que commencer. L'élite anglaise ne sera probablement capable d'ouvrir les yeux et de voir que lorsque la crise aura atteint des proportions tragiques. Sera-t-il trop tard ? Pas nécessairement. Ce sera alors le moment où, peut-être, l'élite britannique sera prête à écouter et à comprendre que, lorsque la situation change, il est également nécessaire de changer la stratégie.

Et l'Allemagne ?

Là, c'est tout à fait différent.

Les Allemands doivent s'apercevoir que l'Europe, et plus particulièrement l'éventuel grand espace européen, constitue le premier marché du monde. Ils ont la chance d'en être la puissance industrielle. Ont-ils vraiment intérêt à ce que le Japon, par exemple, vienne partager ce marché ? Surtout avec la stratégie japonaise consistant à conquérir d'importantes parts de marché à l'étranger en sacrifiant ses bénéfices et en les compensant par des marges plus grandes chez lui.

Les Allemands ont-ils vraiment intérêt à voir l'Europe, son principal client, souffrir d'une hémorragie de délocalisations ? Certainement pas.

Et maintenant la France. Quel rôle peut-elle assumer ?

Un rôle important. Les Français sont beaucoup plus ouverts à ces idées. La France est en pleine mutation politique. Elle cherche une nouvelle voie. Je fonde mes espoirs sur la France et sur les Français.

D'autres choix pour l'agriculture

Quelles sont vos préoccupations quant à l'avenir de l'agriculture en Europe?

Commençons par comprendre les idées modernes. Pour le moment, l'objectif est de produire le maximum de denrées au prix le plus bas, en utilisant le minimum de main-d'œuvre. Il est généralement admis par les économistes que nous pouvons atteindre cet objectif en créant de grandes exploitations mécanisées utilisant les méthodes scientifiques modernes. Il s'agit là, bien sûr, de l'agriculture dite intensive. De plus, on estime que de telles exploitations agricoles libèrent hommes et femmes des servitudes de la terre et leur permettent de participer à l'activité des secteurs les plus dynamiques de l'industrie contemporaine et, par là même, de contribuer à la croissance du produit national brut et à la prospérité générale.

Voilà des idées totalement fausses.

Pourquoi ?

Pour toutes les raisons. Prenez, par exemple, le cas des hommes et des femmes « libérés » par l'agriculture intensive. Lorsqu'ils abandonnent la terre, ils vont s'agglutiner dans les villes. Si l'offre d'emploi et les infrastructures – hôpitaux, écoles, etc. – s'avèrent insuffisantes, il s'ensuivra un accroissement du chômage, avec tous les coûts que cela implique, ainsi que d'importantes dépenses en équipements collectifs. Ceux qui encouragent l'agriculture intensive ne prennent pas en compte ces coûts indirects. Mais il y a un prix plus lourd à payer. Dans l'industrie, lorsque des emplois sont supprimés par suite de l'évolution technologique, l'équilibre de la société ne s'en trouve pas fondamentalement ébranlé. Certaines entreprises en déclin souffrent tandis que d'autres, plus compétitives, devraient pouvoir surgir.

Dans le monde rural, par contre, les suppressions d'emplois et l'exode vers les villes provoquent des mutations essentielles et irréversibles.

Partout dans le monde, ces phénomènes ont entraîné la déstabilisation de la société rurale, ainsi que le développement de vastes agglomérations urbaines où s'entassent des individus déracinés, dont les familles ont éclaté, dont les traditions culturelles ont été anéanties et qui en sont réduits à vivre aux crochets de l'aide sociale dispensée par l'État. Aussi bien dans notre monde développé que dans le tiers monde, ces concentrations urbaines sont devenues des tumeurs tragiques. Les coûts induits par un tel effondrement social ne peuvent jamais être évalués avec précision tant le mal est profond.

Mais pouvez-vous nier que l'agriculture intensive soit plus productive ?

Selon les études très éclairantes de Herman Daly et John Cobb [1], lorsque la productivité des exploitations agricoles, petites et grandes, est mesurée en termes de production à l'hectare par rapport à l'énergie consommée ou au capital investi, les petites exploitations arrivent en tête. Si, par contre, on mesure cette productivité en termes de main-d'œuvre employée, ce sont bien sûr les grandes monocultures mécanisées qui dominent.

Mais ces critères sont-ils les bons ? Ne s'agit-il pas d'une arithmétique superficielle et, en fin de compte, fausse ?

1. Herman Daly et John Cobb, *For the Common Good*, Londres, 1991.

Qu'entendez-vous par là ?

Souvenez-vous de la « révolution verte » des années 50. C'était elle qui allait permettre d'appliquer les idées scientifiques modernes à l'agriculture. Elle avait la prétention de mettre un terme « définitif » à la faim dans le monde et cela par l'instauration de l'agriculture intensive. José Lutzenberger, l'ancien ministre brésilien de l'Environnement, homme de grande sagesse, nous rappelle [1] que les fameuses favelas, les bidonvilles du Brésil, sont la conséquence directe de la révolution verte. Elles n'existaient pas avant l'exode forcé du monde rural vers les concentrations urbaines. Les mêmes causes ont produit les mêmes effets partout dans le monde.

Nous devons également prendre en considération les autres effets – « physiques », dirais-je – de l'agriculture intensive : érosion et dégradation des sols, pollution des eaux par les effluents chimiques, épuisement de la nappe phréatique, appauvrissement de la diversité génétique, dégradation des produits alimentaires résultant des méthodes de culture et d'élevage antinaturelles, atteinte à la santé publique.

Le jugement positif que porte la société moderne

1. Lettre de José Lutzenberger, septembre 1992.

sur l'agriculture intensive découle d'une attitude qui consiste à mesurer, en termes quantitatifs, ses résultats apparents plutôt que de chercher à comprendre ses conséquences dans toutes leurs diverses extensions.

Vous parlez d'effets sur la santé publique des produits de l'agriculture intensive. Qu'avez-vous en tête en avançant cette accusation ?

L'élevage intensif s'offre en exemple. Son objectif est d'obtenir un gain de poids maximum en un minimum de temps et au moindre coût. De nos jours les volailles, les porcs, les veaux, les vaches et les bœufs sont couramment élevés selon des méthodes intensives. Nous connaissons les conditions physiques qui leur sont imposées. De plus, dans de nombreux cas, leur nourriture ne comprend que peu d'éléments végétaux. En revanche, on y ajoute ce qu'on appelle pudiquement des « granulés osseux » : en fait, les restes de leurs congénères qui les ont précédés, ou les restes d'autres espèces animales. Souvent, leurs rations sont additionnées d'activateurs de croissance, comme des antibiotiques. Par exemple, l'adjonction régulière d'antibiotiques permet d'obtenir un gain de poids de l'ordre de 5 % pour les volailles élevées en batterie.

Quelles en sont les conséquences sur la qualité de l'alimentation ?

Les animaux élevés de cette façon sont physiquement différents de ceux élevés « en liberté ». La chair de ces derniers contient beaucoup plus de protéines que de graisses, tandis que pour les animaux élevés industriellement c'est l'inverse. Si l'on convertit en calories, on trouve que le rapport entre les graisses et les protéines est souvent neuf fois plus grand chez les animaux élevés de manière industrielle que chez ceux élevés « en liberté ». Dans le cas des poulets, il a été démontré que la teneur en graisse de leur carcasse a augmenté de près de 1 000 % depuis la fin du siècle dernier.

Mais les transformations ne s'arrêtent pas là. Il existe trois catégories principales de graisses animales dont deux nous concernent tout particulièrement : les graisses polyinsaturées et les graisses saturées. Les polyinsaturées, ou acides gras essentiels – parce que essentiels à la croissance et au développement du cerveau –, sont des composants de toute membrane cellulaire, indispensables à leur fonctionnement. Elles aident à produire des substances hormonales, qui, entre autres, servent à régulariser les systèmes immunitaire et vasculaire. Les graisses saturées, elles, ne nous sont d'aucune utilité. Certains les considèrent même comme des facteurs favorisant les cardiopathies et les cancers du sein et du côlon.

Chez les animaux élevés industriellement, la proportion entre graisses saturées et non saturées se trouve bouleversée. Chez le cochon sauvage, par exemple, on trouve généralement deux fois plus de graisses non saturées que de graisses saturées [1] ; tandis que, chez le porc d'élevage actuel, la proportion est inversée – le rapport entre graisses non saturées et saturées est de 1 à 5 [2]. On trouve donc dix fois plus de « mauvaise graisse » dans le porc d'aujourd'hui que dans son ancêtre.

Mais il y a pis. Les conditions dans lesquelles se pratique l'élevage intensif sont propices à la propagation des infections. L'espace exigu dans lequel les animaux sont parqués facilite la transmission des microbes. Les conditions contre nature dans lesquelles ils vivent nuisent à leur santé et réduisent leur résistance aux maladies. Et comme

1. M. A. Crawford, M. M. Gale, M. H. Woodford, « Muscle and Adipose Tissue Lipids of the Warthog (Phacochœrus Aethiopicus) », *Int. J. Biochem*, 1, 1970, p. 654-658.

2. M. A. Crawford, W. Doyle, P. Drury, K. Ghebremskel, L. Harbige, J. Leyton et G. Williams, « The Food Chain for n-6 and n-3 Fatty Acids with Special Reference to Animal Products », in *Dietary n-3 and n-6 Fatty Acids ; Biological Effects and Nutritional Essentiality*, Plenum Press, 1989, p. 407-414.

ces poulets ont un stock génétique identique – c'est l'un des effets de la « monoculture » dont ils sont l'objet –, ils sont tous vulnérables aux mêmes infections spécifiques. Pour éviter des épidémies, on leur administre donc, à titre préventif, des vaccins, des antibiotiques et d'autres médicaments.

Cette utilisation systématique des antibiotiques peut donner naissance à des bactéries résistantes qui contamineront l'homme [1].

La maladie de la « vache folle » en Grande-Bretagne est-elle le résultat des procédés d'agriculture intensive ?

Oui. Cette maladie, dont le vrai nom est l'encéphalopathie spongiforme des bovidés ou ESB, fait partie du groupe des maladies infectieuses connues sous le nom d'EST : encéphalopathies spongiformes transmissibles. Tandis que l'ESB affecterait seulement les vaches, la forme d'EST qui affecte les moutons est appelée Scrapie, et celle qui affecte surtout les humains est connue sous le nom de maladie de Creutzfeldt-Jakob. Cette maladie est toujours fatale, car il n'existe pas, à ce jour, de

1. Richard Lacey, *Unfit for Human Consumption*, 1991.

traitement. Elle détruit les cellules cérébrales en les taraudant d'une multitude de trous microscopiques qui leur donnent l'aspect d'une éponge.

Comment cette maladie se transmet-elle ?

La maladie est transmise par des agents infectieux dont la nature chimique nous demeure inconnue. Ces agents sont extrêmement petits, plus minuscules encore que tous les virus répertoriés. C'est pourquoi il n'est pas possible de repérer par des analyses les animaux contaminés avant que les symptômes de la maladie ne se soient déclarés – si ce n'est en inoculant à des souris des prélèvements effectués sur ces animaux, procédure dont les résultats peuvent se faire attendre toute une année.

Ces agents infectieux sont extrêmement résistants, y compris à la chaleur. Des expériences ont montré qu'ils peuvent survivre même s'ils sont chauffés à 360° pendant une heure [1], même s'ils

1. P. Brown, P. P. Liberski, A. Wolff et D. L. Gajdusek, « Resistance of scrapie infectivity to steam autoclaving after formaldehyde fixation and limited survival after ashing at 360° : practical and theoretical implications », *Journal of Infectious Diseases*, n° 115, 1990, pp. 393-399.

sont soumis à une irradiation massive [1]; ils résistent au formol [2] et à l'autoclave là où tous les autres agents infectieux connus auraient été détruits [3]. Leur durée de vie est longue et ils subsistent dans le sol pendant des années [4].

Les premiers cas d'ESB ont été signalés en 1986. Les scientifiques semblent s'accorder sur le mode de transmission initial : les vaches auraient été contaminées par de la nourriture provenant d'usines de recyclage utilisant les restes d'animaux abattus, de vaches en particulier. Une fois mélangés, ces restes sont ajoutés à la nourriture des animaux et présentés comme « suppléments protéiques concentrés » ou « granulés osseux ». Ainsi, on nourrit des vaches avec des vaches; en d'autres termes, on les contraint au cannibalisme.

Il est intéressant de noter qu'au cours de la première moitié de ce siècle une autre forme d'EST affectait l'homme : la maladie de Kuru. Elle

1. H. Fraser, C. F. Farquhar, J. McConnell et D. Davies, « The scrapie disease process is unaffected by ionising radiation », *Prog. Clin. Biol. Res.*, n° 317, 1989, p. 635-658.

2. P. Brown, P. P. Liberski, A. Wolff et D. L. Gajdusek, *op. cit.*, n° 115, 1990, p. 393-399.

3. *Ibid.*

4. P. Brown et D. L. Gajdusek, « Survival of the Scrapie virus after 3 years' internment », *The Lancet*, n° 337, 1991, p. 269-270.

sévissait parmi la tribu Fore, dont la civilisation était restée à l'âge de pierre, et qui pratiquait le cannibalisme.

Quelle a été la réaction des autorités britanniques lors de l'apparition de la maladie ?

Lorsque s'est déclenchée l'épidémie de la maladie de « la vache folle », le gouvernement britannique s'est trouvé dans une position extrêmement difficile : les preuves étaient minces, les risques, bien que considérables, n'étaient pas démontrés. Étant donné la très longue période d'incubation de la maladie, il aurait fallu des années pour établir indéniablement la possibilité que l'épidémie puisse contaminer les humains. Une « alerte rouge » décrétée par le gouvernement aurait pu provoquer une panique, avec de très graves conséquences sur l'agriculture britannique.

C'est pourquoi le gouvernement a réagi en réunissant un conseil de scientifiques, et en prenant certaines mesures préventives en vue de rassurer la population. Ainsi, les « organes à risque » durent être éliminés du bétail abattu. Décision utile, qui, cependant, ne peut pas être totalement couronnée de succès : la localisation des agents infectieux dans les tissus de bétail n'étant pas possible, on ne peut savoir quels sont les tissus contaminés. Par exemple, tous les organes, y compris la viande, contiennent des nerfs en contact avec le cerveau. Il est bien connu que diverses infections circulent entre les organes périphériques de l'animal et le cerveau, en passant par les nerfs. Il n'est donc pas déraisonnable de se demander si, le cerveau étant infecté, le système nerveux ne le serait pas également. Il fut en outre décidé que le bétail susceptible d'être contaminé par l'ESB devait faire l'objet d'une déclaration aux autorités, et que le lait des vaches concernées serait interdit à la vente. Sage décision, mais aux effets limités puisque, comme je l'ai indiqué, il n'existe aucun moyen de dépistage avant que l'animal suspect n'ait atteint le dernier stade de la maladie. Cette mesure se limitait donc aux animaux pour lesquels la maladie était déjà très évidente.

Le conseil recommanda également l'interdiction de nourrir les ruminants avec des protéines qui proviendraient des restes d'autres ruminants. En d'autres termes, le cannibalisme ne serait plus imposé aux ruminants. Décision excellente, à ceci près que l'interdiction ne s'étendit pas aux porcs ni aux poulets, qu'il est toujours légal de nourrir avec les cadavres de leurs congénères.

En février 1989, l'une des principales conclusions tirées par le conseil mis sur pied par le gouvernement fut, je cite : « D'après les preuves dont nous disposons à ce jour, il semble que le bétail s'avérera être un “ hôte en forme d'impasse ” pour l'agent de la maladie... (ce qui signifie que l'ESB ne pourra pas passer de la vache à d'autres espèces)... Il est fort probable que l'ESB n'aura aucune conséquence néfaste sur la santé de l'homme. Néanmoins, si nos estimations étaient fausses, les conséquences pourraient être extrêmement graves [1]. »

Que s'est-il passé après la publication de ce rapport ?

Plus de quatre ans se sont écoulés. L'épidémie s'est répandue beaucoup plus rapidement que prévu par la commission [2]. Qui aurait prédit que 20 000 animaux seraient atteints tandis que, dans la réalité, le chiffre dépasse déjà 120 000 ? Selon le docteur Stephen Dealer, ce chiffre ne représenterait qu'environ 25 % des animaux touchés, les autres ayant été consommés avant qu'un diagnostic ait pu être accompli. Qui plus est, l'EST a été transmise à

1. Sir Richard Southwood, « Report of The Working Party on Bovine Spongiform Encephalopathy », 1989.
2. R. W. Lacey, MA, MD, PhD, FRCPath, DCH, « The BSE Epidemic », *Journal of Nutritional Medicine*, 1992.

de nombreuses autres espèces, y inclus la souris, l'antilope, l'oryx, le chat ainsi que le porc [1] et le ouistiti [2]. La contamination du porc par l'ESB est significative, car les tissus du porc sont très proches de ceux de l'homme – diverses parties de tissus conjonctifs porcins ont en effet été utilisées pour des greffes humaines. Le transfert de la maladie à des ouistitis est particulièrement inquiétant. Selon le professeur Lacey du département de microbiologie, université de Leeds en Grande-Bretagne, « le principe central proposé par le gouvernement, et sur lequel il fondait sa déclaration que l'ESB ne pourrait constituer un danger pour l'homme, est maintenant totalement discrédité. Les implications pour l'élevage et probablement pour la santé publique sont extrêmement graves [3] ». On connaît

1. K. C. Meldrum, « Transmission of Bovine Spongiform Encephalopathy to a Pig », *The Veterinary Record*, octobre 1990, p. 362. M. Dawson, G. A. H. Wells, B. N. J. Parker et A. C. Scott, « Primary parenteral transmission of Bovine Spongiform Encephalopathy to the Pig », *The Veterinary Record*, septembre 1990, p. 338. H. Fraser, I. McConnell, G. A. H. Wells et M. Dawson, « Transmission of Bovine Spongiform Encephalopathy to Mice », *The Veterinary Record*, 123, 1988, p. 472.

2. R. W. Lacey « BSE : The Gathering Crisis », *British Food Journal*, vol. 95, n° 4, 1993.

3. R. W. Lacey, MA, MD, PhD, FRCPath, DCH, « The BSE Epidemic », *Journal of Nutritional Medicine*, 1992.

déjà le cas de deux éleveurs de bovins qui ont contracté la maladie de Creutzfeldt-Jakob. Il semble donc possible que l'ESB puisse être transmise à l'homme. Ce qui rejoint le point de vue de Richard Lacey. La conclusion du rapport de Southwood devrait donc, désormais, être reconsidérée à la lumière de ces nouvelles données.

S'agit-il d'un incident isolé ou peut-on s'attendre à d'autres problèmes de ce genre, conséquences des méthodes intensives ?

Hélas, oui, il faut certainement s'y attendre. La « nouvelle frontière » de l'agriculture intensive est la biotechnologie, qui comprend les manipulations génétiques. Il ne fait aucun doute que cette science conduira à des résultats remarquables et inattendus. L'histoire de l'hormone bovine de croissance est très importante car elle illustre la manière dont sont testés et présentés aussi bien aux fermiers qu'au public les produits des « manipulations génétiques » – ou du « génie génétique », si l'on préfère cette expression – destinés à l'agriculture. C'est pour cela que j'estime nécessaire d'approfondir cet exemple précis. L'hormone bovine de croissance est une hormone de synthèse produite par manipulation génétique. Les laboratoires producteurs l'ont baptisée « somatotrope bovine », ou STB, probablement pour éliminer le terme « hormone » qui aurait pu inquiéter le consommateur.

Les arguments avancés en sa faveur par les industriels étaient qu'elle augmenterait considérablement la production de lait des vaches sans aucun investissement en capital, sans augmenter le taux des hormones contenues dans le lait et sans effets négatifs ou toxiques sur les vaches « traitées ». De plus, le lait ainsi produit, affirmaient-ils, était parfaitement sain pour la consommation humaine [1].

Les premières réactions de l'US Food and Drug Administration et du gouvernement britannique allèrent dans le même sens. Le ministre britannique de l'Agriculture a même déclaré : « Le point de vue selon lequel la Grande-Bretagne devrait rester à l'écart en laissant le reste du monde produire du lait de façon moderne est complètement loufoque... Quant aux répercussions possibles sur les humains, personne n'a le moindre doute : c'est sans aucun danger [2]. »

1. Animal Health Institute, « Bovine Somatotropin (BST) Report », n° 1-5/88-15M, 1988. US National Institute of Health, « Panel Conclusion on Bovine Somatotropin », décembre 1990. E.C. Committee for Veterinary Medicinal Products (CVMP), 20 mars 1991.

2. John Gummer au Grassland South West Show, cité dans *The Independent on Sunday*, 29 juin 1991.

Pourtant, un certain nombre de scientifiques – au premier rang desquels Samuel Epstein, professeur de médecine au Centre médical de l'université de l'Illinois, et spécialiste des maladies professionnelles et de l'environnement – étaient d'un tout autre avis. Epstein, notamment, remit en question les avantages et souligna les dangers qu'il y avait à « pousser » les vaches comme des machines hautement performantes, à grand renfort de médicaments.

Cette position fut confortée lorsque les résultats des tests de l'hormone de synthèse réalisés dans les laboratoires du groupe américain Monsanto furent communiqués clandestinement au professeur Epstein. Monsanto est l'une des sociétés chimiques les plus importantes du monde. Les rapports Monsanto sapent les arguments avancés en faveur de la STB. Voici quelques extraits de ces documents ultra-confidentiels :

« Des augmentations notables de somatotropes dans le lait ont été constatées chez les sujets soumis à une dose égale à cinq fois celle du traitement [1] (par somatotrope, je le rappelle, il faut entendre ici l'hormone bovine de croissance).

« Pour tous les groupes... le rapport du poids de

1. Rapport confidentiel de Monsanto communiqué clandestinement, « Toxicity of CPII 5099 in a Prolonged Release System in Lactating Cows », 13 janvier 1987, p. 28.

la glande surrénale droite au poids du corps ou à celui du cerveau était beaucoup plus important que chez les sujets des groupes de contrôle [1] (ce qui signifie que la comparaison entre animaux traités au somatotrope et animaux non traités a permis de mettre en évidence l'inflammation de la glande surrénale droite chez les animaux traités).

« Le poids de la surrénale gauche... pour tous les groupes traités avait augmenté de manière significative [2].

« Le poids des reins... avait augmenté de façon significative par rapport aux sujets du groupe de contrôle [3].

« Le rapport entre le poids du cœur et celui du corps, pour les groupes soumis à des doses égales à trois ou cinq fois celles du traitement, était beaucoup plus élevé que dans le groupe de contrôle [4].

« Le rapport entre le poids du foie et celui du corps... avait augmenté de façon significative [5].

« Une augmentation de poids significative fut également notée pour... les poumons, l'hypophyse et l'ovaire gauche [6]. »

Les rapports indiquaient également que la STB

1. *Ibid.*, p. 26.
2. *Ibid.*, p. 26.
3. *Ibid.*, p. 27.
4. *Ibid.*, p. 26.
5. *Ibid.*, p. 26.
6. *Ibid.*, p. 27.

se trouvait dans le sang des vaches traitées en concentrations, pour certaines, 1 200 fois plus importantes que le taux naturel constaté dans le sang des animaux du groupe de contrôle [1].

Qui plus est, des tests réalisés par Monsanto en 1985 et 1986 ont montré que l'on avait administré à des vaches laitières, dans plus de cent cinquante cas, des médicaments, dont certains étaient interdits [2].

Donc, plus ou moins le contraire des arguments avancés par l'industrie chimique ?

Tout à fait le contraire.

Que s'est-il passé à la suite de ces divulgations ?

Le président d'un des comités du Congrès américain – comité formé de membres de la Chambre des représentants des États-Unis – a envoyé une

1. Samuel Epstein, « Paper to the US National Institute of Health, Conference on Bovine Somatotropin », décembre 1990.

2. Samuel Epstein et Peter Hardin, *New York Times*, 23 décembre 1990, p. 14.

lettre à l'inspecteur général du ministère de la Santé dans laquelle il déclare, notamment :

« Je suis tout particulièrement affligé par les allégations selon lesquelles des informations sur des recherches cruciales auraient été soustraites à l'examen minutieux du public par la Food and Drug Administration et par le groupe Monsanto, cela afin de favoriser la commercialisation de l'hormone de croissance bovine, sans considération pour ses effets négatifs sur la santé des hommes et des animaux. Mais le plus grave, c'est que, contrairement aux assurances données au public à la fois par le groupe Monsanto et par la Food and Drug Administration, les rapports établis par les industries en question indiquent d'importants taux d'hormones dans le lait des vaches traitées avec l'hormone de croissance bovine... Par ailleurs, je suis profondément inquiet de ce qu'à l'heure actuelle peu de recherches soient menées concernant les effets de cette hormone de synthèse sur la santé de l'homme [1]. »

Le 3 mai de cette même année, le ministère

1. Lettre du membre du Congrès John Conyers, président du Congressional Committee on Government Operations à l'Hon. Richard P. Kusserow, inspecteur général, US Department of Health & Human Services, 8 mars 1990.

américain de la Santé établit un mémorandum dont voici un extrait :

« Dans l'affaire Monsanto, la Food and Drug Administration a adressé à cette société une directive, en date du 9 janvier 1991, pour lui signifier qu'elle devait immédiatement arrêter toute publication susceptible de faire croire que la STB était inoffensive et efficace [1]. »

De leur côté, les autorités européennes se sont préoccupées de savoir si l'utilisation de la STB présentait une quelconque utilité en une période de surproduction laitière, et si l'abondante fourniture de lait bon marché produit grâce à ces hormones n'allait pas provoquer la faillite des petites exploitations agricoles, avec toutes les funestes conséquences sociales que cela comporte. La conclusion fut l'adoption d'un moratoire concernant la commercialisation de la somatotrope en Europe.

Mais le 5 novembre 1993, sous la pression du lobby agrochimique, la Food and Drug Administration a cédé et cela en dépit de la protestation de la GAO, autre administration du gouvernement américain ainsi que du chargé de la protection des consommateurs de l'État de New York, tous deux faisant état de risques pour la santé publique. La réaction du public fut immédiate. De nombreuses

1. Mémorandum de Richard P. Kusserow au Dr James O. Mason, sous-secrétaire d'État à la Santé, 3 mai 1991.

chaînes de magasins alimentaires et de distribution de lait ont refusé de vendre le produit pollué. La quantité de pus trouvé dans cette forme de lait a choqué les consommateurs. La réponse de Monsanto fut de traîner en justice ceux qui avaient refusé de distribuer leur produit. En Europe, il a été suggéré par les autorités qu'à la suite de la décision américaine, nous devrions rapidement abandonner le moratoire et que, d'ailleurs, un refus d'utiliser cette hormone synthétique serait contraire au GATT.

Il s'agit là, bien évidemment, d'un abus. Mais faut-il en conclure que la biotechnique tout entière est à rejeter ?

Non. Dans la médecine humaine, comme moyen de guérir une maladie spécifique, la biotechnique aura sûrement des effets utiles, mais il faudra maintenir un contrôle particulièrement rigoureux pour éviter des accidents graves. Dans l'agriculture, je pense que les méfaits dépassent largement les avantages.

Quelles en sont les raisons ?

Le plus extraordinaire domaine de la biotechnique est, sans aucun doute, celui ouvert par le « génie génétique » : les techniques de modification de l'ADN, c'est-à-dire l'acide désoxyribonucléique. Celui-ci compose le génome et contient toute l'information génétique des êtres vivants. Les gènes sont les segments du génome, et leur ensemble fait la spécificité d'un être particulier au sein d'une espèce donnée. Le principe de base de la manipulation génétique est de transférer des gènes d'une cellule à une autre, et par là de créer de nouvelles formes de vie. L'état actuel de cette technique permet de transférer des gènes d'une espèce à l'autre et s'applique, entre autres, aux plantes, aux animaux, aux bactéries et aux virus. Il ne s'agit plus d'encourager l'évolution par la sélection, mais au contraire de créer une véritable rupture brutale au sein même de l'évolution naturelle.

Le génie génétique pose de gigantesques problèmes moraux et pratiques.

Sur le plan pratique, les questions sont les suivantes : pouvons-nous mesurer les effets à long terme, directs et indirects, de ces nouvelles choses vivantes ? Pouvons-nous les utiliser à notre avantage sans avoir à subir des conséquences dévastatrices ?

Pensons-nous vraiment que les réglementations suffiront à arrêter la prolifération incontrôlée dans la nature de ces nouvelles formes de vie ? Comment pouvons-nous empêcher que ces formes de vie – tels ces microbes issus de manipulations génétiques – ne causent des ravages sans limites ? Du fait même de la « nouveauté » de ces « inventions », les formes de vie qui existent d'ores et déjà sur cette Terre – qu'elles soient animales ou végétales – n'ayant jamais été mises en contact avec elles ne sont pas immunisées contre elles. Pouvons-nous comprendre qu'en créant à la va-vite ces nouvelles formes de vie, qui n'ont pas été étudiées sous tous leurs aspects, nous sommes en train de jeter par-dessus bord cette protection vitale pour nous : la possibilité de tirer des leçons de nos propres erreurs ?

Dans le monde entier, des milliers de chercheurs procèdent à des expériences et mobilisent toute leur imagination pour faire naître, *hic et nunc*, de nouvelles créatures inconnues dans la nature jusqu'à présent, et qui, de ce fait, n'ont pas subi l'épreuve de millions d'années d'évolution.

Mais se posent des interrogations encore plus profondes. L'homme est astucieux, sa sagesse est-elle à la mesure de son habileté ? Est-il raisonnable de vouloir provoquer une rupture brutale de l'évolution naturelle ? Sommes-nous conscients de ce que, pour une grande part, les mutations que nous suscitons seront irréversibles ? Modifier les informations génétiques fondamentales des êtres vivants – informations qui deviendront des caractères acquis dont ils hériteront de génération en génération –, n'est-ce point la forme ultime, le paroxysme, de la pollution ?

Dans ces conditions, que faut-il faire ?

Il nous faut renverser totalement nos idées actuelles. L'agriculture n'est pas là pour produire le maximum de denrées au prix le plus bas en utilisant le minimum de main-d'œuvre. L'objectif doit être de produire une diversité de denrées, de qualité saine, dans les quantités nécessaires pour la nation, et dans des conditions qui assurent à la fois le respect de l'environnement et l'emploi optimum capable de maintenir la stabilité sociale.

Donc, changer complètement la PAC ?

Certainement. La Politique agricole commune (PAC) a été édifiée sur le concept qu'il fallait assurer à l'agriculture un marché garanti à des prix garantis, quel que soit le niveau de production. La conséquence devenait évidente. La quantité étant mise au premier plan, chacun tentait de produire le maximum au prix le plus bas, quelle que soit la qualité. Donc chacun utilisait toutes les techniques possibles pour intensifier ses méthodes, augmenter sa production et recourir au minimum de main-d'œuvre. Nous en connaissons les conséquences inévitables.

Nous devons évoluer vers l'agriculture non intensive.

Pourrait-elle produire suffisamment et dans des conditions économiquement viables ?

Oui. Les résultats obtenus par de nombreuses exploitations le confirment dans la pratique. Des études approfondies ont été faites et, parmi elles, celles conduites sous la direction du professeur David Pimentel, du New York State College of Agriculture and Life Sciences à l'université de Cornell [1]. Il a démontré qu'en utilisant des méthodes non intensives appropriées pour la culture du maïs « le coût deviendrait substantiellement plus bas avec une rentabilité accrue pour l'agriculture ». Dans une autre étude plus générale, sa conclusion a été que l'utilisation de méthodes non intensives « est capable de réduire l'utilisation de pesticides,

1. Communication du professeur Pimentel, juillet 1993.

d'engrais chimiques, d'irrigation et d'énergie... tout en augmentant les bénéfices de l'exploitant agricole ».

La transition de l'intensif au non intensif sera coûteuse. Qui la financera ?

Le financement est tout trouvé. Actuellement, près de 50 % du budget de la PAC, soit environ 16 milliards d'écus ou 110 milliards de francs par an, est destiné aux coûts de stockage et de vente des surplus agricoles à des pays tiers. Ces excédents sont le résultat direct des incitations de la PAC à produire le maximum sans tenir compte des besoins réels. La transition vers le non intensif, dans le cadre d'une nouvelle politique agricole, débarrassée des absurdités du libre-échangisme mondial, éliminera la majeure partie des excédents car les incitations artificicllcs à la production, quelles qu'en soient les conséquences, seraient abandonnées. On se retrouverait avec une agriculture diversifiée et équilibrée. 110 milliards de francs du budget européen existant seraient libérés et pourraient être consacrés chaque année à financer cette transition.

Il ne faudra surtout pas être tenté d'utiliser cette économie pour réduire en apparence nos coûts agricoles. Ce serait là une fausse économie. Il faut continuer à investir dans notre agriculture, car il n'existe pas de nation saine sans campagne saine.

Qui seraient les perdants si une telle pratique était appliquée ?

Commençons par les gagnants. En adoptant cette stratégie, le monde agricole se trouverait renforcé. On aurait changé de critères pour l'agriculture. Au lieu de chercher à produire le maximum en employant le minimum, on chercherait à produire l'optimum dans des conditions de stabilité sociale. Donc, les premiers à en bénéficier seraient les communautés rurales avec leurs villes et leurs villages.

L'une des conséquences directes serait d'arrêter l'enflure des agglomérations urbaines. Donc, les citoyens urbains seraient eux aussi gagnants.

L'ensemble des consommateurs retrouverait des denrées produites par des moyens sains et naturels. L'environnement cesserait d'être pollué par une prolifération de produits chimiques et biotechniques.

Les caisses de l'État seraient affectées de différentes manières, notamment :

– D'une façon négative, par le coût du

financement de l'aide à la transition vers une agriculture non intensive.

– D'une façon positive, directement et indirectement par :

– la réduction du coût de stockage et d'exportation des excédents agricoles ;

– la réduction de l'aide sociale aux chômeurs chassés de leurs terres ;

– la réduction des coûts d'infrastructures urbaines nécessaires pour recevoir ces réfugiés du monde agricole ;

– les effets positifs à long terme sur la santé publique, résultat direct de la mise à disposition de denrées saines et naturelles remplaçant des aliments artificiels, fabriqués à l'aide de produits chimiques et biotechniques ;

– la diminution radicale de l'impact destructeur sur l'environnement des méthodes intensives d'agriculture.

Et qui seraient les perdants ?

Les industries chimiques et biotechniques, ainsi que leurs experts appointés.

Un nouveau programme pour l'énergie

Quelles sont vos idées sur les possibilités d'un nouveau programme énergétique ?

Nous pouvons enfin envisager un changement radical de la façon dont nous produisons et consommons l'énergie. La voie est ouverte vers un vaste renouveau avec des effets extraordinairement bénéfiques pour l'économie, l'environnement et la sécurité de la population.

Vous semblez bien optimiste. Qu'est-ce qui a subitement changé ? Qu'est-ce qui permettrait une telle révolution ?

La fin de la guerre froide.

Depuis la Seconde Guerre mondiale, les principales armes offensives et défensives ont été des armes nucléaires. C'est pourquoi la recherche et le développement en matière nucléaire ont été un domaine réservé à l'État. Celui-ci a réuni un groupe de scientifiques et d'administrateurs techniquement compétents et étroitement solidaires. Ce groupe a été doté d'un immense pouvoir, car le travail à poursuivre dans la défense nationale a dépendu de lui.

Ensuite, le programme civil est venu prolonger le programme militaire. Les deux programmes ont été coordonnés par les mêmes élites travaillant dans le même secret. Chaque gouvernement successif a cru ou a fait croire que, si des échecs se produisaient dans le programme civil, ils devraient être couverts par la plus stricte discrétion afin que ces problèmes n'affectent pas le programme militaire. Au commencement, on a cru que le nucléaire nous fournirait une énergie bon marché, sûre et illimitée. Qui plus est, on pensait qu'il nous assurerait l'indépendance vis-à-vis des importations d'énergie. Aux États-Unis, le président de la commission sur l'énergie atomique a même déclaré que l'énergie nucléaire serait trop bon marché pour qu'on ait besoin de la comptabiliser.

Donc, quasiment toutes les ressources de l'État, financières et scientifiques, ont été mises à la disposition du nucléaire. Les voies qui auraient pu mener à des sources d'énergie nouvelle étaient bloquées. La « nucléocratie » est devenue un État dans l'État.

Lorsque progressivement, partout dans le monde, on s'est rendu compte que l'énergie nucléaire était, d'une part, non rentable et, d'autre part, terriblement dangereuse, ces faits nous ont été cachés. Même après le terrible accident de Tchernobyl, on nous a menti. Le système bien ancré du secret organisé ne permettait pas qu'on dise la vérité, quels que soient les dangers encourus.

Maintenant, avec la fin de la guerre froide, tout cela devrait changer.

Quelles sont les nouvelles voies vers lesquelles nous devrions nous orienter ?

Il est tout à fait surprenant d'avoir à constater que les technologies nécessaires pour transformer l'utilisation de l'énergie existent déjà.

Il n'y a qu'à se tourner vers les États-Unis pour percevoir la naissance d'une grande révolution technologique.

En Amérique, les principaux secteurs consommateurs d'énergie primaire, c'est-à-dire toute l'énergie destinée à l'utilisation commerciale qui entre dans le système national américain, sont les suivants : résidentiel et commercial, 35,6 % ; industriel, 37 % ; transport, 27,4 %. Les moyens techniques existent pour changer radicalement l'utilisation de l'énergie dans chacun de ces secteurs. Les avantages que nous en tirerions sont, parmi d'autres, les suivants :

– La croissance économique serait désaccouplée de la consommation d'énergie. Cela aurait pour effet de réduire d'une façon drastique l'utilisation d'énergie par unité de production avec les économies importantes qui s'ensuivraient.

– Nous réduirions dans de semblables proportions les dommages infligés à l'environnement, notamment la déstabilisation du climat, l'épuisement des ressources naturelles et la pollution en général. Et cela se ferait non pas pour un coût inabordable, mais serait au contraire une source d'économies financières.

– Nous diminuerions substantiellement notre dépendance à l'égard des importations d'énergie.

– Et nous créerions de nouvelles industries de pointe qui, elles, produiraient une croissance économique saine, c'est-à-dire non destructrice.

Commençons par l'électricité. Qu'est-il possible de faire ?

Le centre d'étude des entreprises de service public des États-Unis, The Electric Power Research Institute, estime que la mise en application généralisée des technologies nouvelles permettrait de réduire la consommation d'électricité aux États-Unis de 55 % d'une manière économiquement rentable [1].

Le ministère de l'Énergie des États-Unis ainsi que l'Agence gouvernementale pour la protection de l'environnement estiment qu'environ quatre cinquièmes de l'électricité utilisée pour l'éclairage pourraient être économisés [2].

De son côté, le Rocky Mountain Institute estime que 75 % de toute l'électricité actuellement consommée dans les immeubles d'habitation, de bureaux et d'usines existant aux États-Unis pourraient être économisés d'une façon rentable, en se servant uniquement de technologies existantes et déjà disponibles, et sans affecter pour autant la qualité des services [3].

La plus grande entreprise privée de service public aux États-Unis, Pacific Gas and Electric

1. D. F. Spencer, « A Preliminary Assessment of Carbon Dioxide Mitigation Options », *Annual Review of Energy and Environment*, 16:264 (1991).

2. M.-A. Piette, F. Krauss et R. Verderber, « Technology Assessment : Energy Efficient Commercial Lighting », Lawrence Berkeley Laboratory, LBL-27032, 1989, et communications de John Hoffman, directeur, Global Change Unit, USEPA to Rocky Mountain Institute.

3. The State of the Art of Lighting (1988) ; Drivepower (1989) ; Appliances (1990) ; Water Heating (1991) ; Space Cooling and Air Handling (1992) ; Space Heating (1993).

Company, s'attend à ce que 75 % de ses nouveaux besoins d'énergie pour la présente décennie soient fournis par les économies résultant d'une meilleure utilisation de l'électricité par le consommateur et aussi par des sources d'énergie renouvelables. Il est intéressant de noter que, comme conséquence de la nouvelle technologie, ce groupe estime qu'il n'aura plus jamais besoin de construire de nouvelles centrales électriques et il a donc dissous ses bureaux de génie civil et de construction. Il y a seulement dix ans, il prévoyait d'en construire vingt.

Comment cette économie d'énergie peut-elle être obtenue ?

Par une diversité de moyens.

Le Rocky Mountain Institute fournit des quantités de précisions généralement non controversées dans une documentation remplissant 2 235 pages. Les exemples abondent. Parmi ceux-ci on trouve : Southwire, le plus grand fabricant indépendant de fil métallique et de câble aux États-Unis, qui a réduit son utilisation d'électricité de 40 % et de gaz de 60 % pour chaque kilo de production. Douglas Emmet & Co, l'entrepreneur de bâtiment, vient de réduire des trois quarts la consommation d'électricité dans un immeuble de bureaux en

Californie. Pacific Gas and Electric Company a réalisé une économie semblable dans son immeuble de bureaux à San Ramon, en Californie.

La grande firme Compaq Computer Corporation, dans ses bureaux à Houston au Texas, a déjà réduit de 50 % son utilisation d'électricité au mètre carré.

L'éventail des outils est large. Il existe aujourd'hui des méthodes d'isolation plus efficaces ; des fenêtres qui permettent l'arrivée de la lumière mais qui protègent contre celle de la chaleur ; des systèmes d'éclairage qui améliorent la visibilité mais qui réduisent la consommation d'électricité de 80 à 90 % ; de nouveaux systèmes d'air conditionné qui réduisent de 93 % l'utilisation d'électricité par unité de refroidissement, et ainsi de suite.

Quel serait le montant de l'investissement nécessaire pour obtenir un tel résultat sur l'ensemble des États-Unis ? A-t-il été chiffré et quel serait celui des économies en résultant, donc le niveau de rentabilité éventuelle ?

Selon les estimations, l'investissement serait de l'ordre de 200 milliards de dollars. L'économie annuelle serait de l'ordre de 100 à 130 milliards de dollars. Cela, bien évidemment, représente une rentabilité économique remarquable sans tenir compte de tous les autres avantages que nous avons recensés.

Existe-t-il les mêmes opportunités en Europe?

A coup sûr, les États-Unis ont traditionnellement utilisé plus d'énergie par unité de production que l'Europe. Mais les analyses confirment que, plus ou moins, les mêmes possibilités d'économies existent en Europe [1]. Des études spécifiques ont confirmé la possibilité d'économiser 50 % de la consommation d'électricité en Suède [2] ainsi que de celle utilisée dans les immeubles au Danemark [3]. En Allemagne de l'Ouest, on estime possible une

1. F. Krause, W. Bach & J. Koomey, « Energy Policy in the Greenhouse », rapport à l'attention du ministère du Logement des Pays-Bas, septembre 1985. F. Krause, J. Koomey, D. Olivier et P. Radanne, *The Cost of Carbon Reductions – A Case Study of Western Europe*, vol. 2, 1993.
2. B. Bodlund et al., *The Challenge of Choices : Technology Options for the Swedish Electricity Section*. T. B. Johansson, B. Bodlund & R. H. Williams, *Electricity*, Lund University Press, avril 1989. T. B. Johansson & P. Steen, *I Stället fer Kärnkraft : Energi Ar 2000*, DSI, 1983. Industridepartementet, Stokholm.
3. J. S. Norgärd, *Low Electricity Appliances – Options for the Future*.

économie de l'ordre de 80 % de l'électricité utilisée dans les habitations [1].

Qu'en est-il des transports ?

Les deux tiers environ de l'essence consommée aux États-Unis le sont par les transports. Les perfectionnements techniques déjà disponibles permettraient d'améliorer de 50 % le rendement des véhicules légers. A. B. Lovins estime que la prochaine et imminente révolution technologique qui nous amènera ce qu'il appelle la « supercar hybrid-électrique » réalisera beaucoup plus. Une récente étude [2] décrit comment une voiture ultra-légère pour quatre passagers pourra faire 100 km en utilisant moins de 1,6 litre d'essence. Cette voiture serait plus sûre, plus durable, plus silencieuse et plus confortable que les voitures existantes et elle ne coûterait pas plus cher.

Cela pourrait représenter la plus grande innovation industrielle depuis le microprocesseur.

1. W. Feist, « Stromsparpotentiale bei den privaten Haushalten in der Bundesrepublik Deutschland », Institut Wohnen und Umwelt, Darmstadt.

2. A. B. Lovins, J. W. Barnett, L. H. Lovins, « Supercars. The coming light vehicle revolution », présenté à l'European Council for an Energy Efficient Economy (Rungstedgärd, Danemark), 4 juin 1993.

Selon Lovins, « les progrès tels que ceux accomplis dans le domaine de l'aérodynamique, des matériaux ultra-légers à base de polymères, de la micro-électronique et des techniques des moteurs électriques avancées et de stockage de l'énergie, de la conception et fabrication assistée par ordinateur, et des logiciels pourraient transformer les besoins d'essence d'une façon spectaculaire. Des améliorations semblables sont applicables aux véhicules lourds. Ensemble, elles pourraient réduire de cinq sixièmes la consommation d'essence pour les véhicules aux États-Unis ».

Face à tout cela, que devrait faire la France ?

Surtout ne pas passer à côté d'une des grandes révolutions technologiques de l'époque. Pour le moment, les idées françaises à ce sujet sont ancrées dans le passé.

Il faut saisir les opportunités qui nous sont offertes pour devenir le leader dans ces nouvelles industries de pointe.

Si nous acceptons la sclérose qui nous est infligée par le nucléaire, nos industries perdront de leur compétitivité, et la France se condamnera à devenir une espèce de musée de la technologie caduque.

Qu'est-ce qui vous permet d'affirmer que l'énergie nucléaire n'est pas rentable?

L'expérience britannique en est une démonstration. En 1988, le gouvernement Thatcher a décidé de privatiser la production d'électricité, y compris le nucléaire.

Bien sûr, pour pouvoir privatiser, il faut que l'industrie offerte au public soit bénéficiaire et puisse anticiper un avenir prospère. Le gouvernement Thatcher croyait sincèrement que c'était le cas pour l'énergie nucléaire. C'est ce que lui avait affirmé la nucléocratie britannique. Mais, avant que la privatisation puisse avoir lieu, il est légalement nécessaire de soumettre les comptes à des experts indépendants et à ceux qui représentent les intérêts des investisseurs éventuels. Lorsque ce fut le cas pour l'industrie nucléaire, on a vite remarqué que les chiffres ne représentaient pas la réalité.

D'abord, on a noté les astuces comptables visant à créer l'impression de rentabilité. Par exemple, le 5 juillet 1988, on a découvert que l'industrie allait modifier ses règles comptables. Tout simplement, elle allait prolonger de cent trente ans la période prévue avant le démantèlement complet des centrales nucléaires. Cet artifice comptable permettait d'amortir le coût de ces centrales sur une durée plus longue et ainsi les comptes seraient artificiellement enjolivés.

Le 6 juillet 1988, le comité sur l'énergie de la Chambre des communes soumet son rapport. Celui-ci déclare : « Nous sommes préoccupés par le coût de l'énergie nucléaire. Nous sommes troublés par le manque d'impartialité du gouvernement lorsqu'il compare l'industrie du charbon à celui du nucléaire. Les problèmes du nucléaire sont sous-estimés, tandis qu'il existe une hostilité émotive envers l'industrie du charbon. » Cette observation est importante, car le développement de l'industrie nucléaire en Grande-Bretagne a été largement influencé par le désir politique de détruire le syndicat des mineurs qui s'opposait au gouvernement.

Ce même rapport poursuit de la manière suivante : « Le danger existe que nous ne connaissions jamais les vrais coûts de l'énergie nucléaire. »

En décembre 1988, le gouvernement publie son projet de loi. Il propose de subventionner l'industrie nucléaire pour tenter de lui infuser un semblant de rentabilité.

En juillet 1989, le ministre de l'Énergie déclare à la Chambre des communes : « Le résultat de nos préparations en vue de la privatisation a démontré que le coût du retraitement des combustibles usés, provenant des réacteurs Magnox, et du traitement des déchets engendrés, serait considérablement plus élevé que le montant passé dans les comptes de l'industrie. Il a été décidé que tant les actifs que les passifs se rapportant aux centrales Magnox devraient demeurer sous le contrôle du gouvernement. Les réacteurs avancés graphite-gaz seront, quant à eux, privatisés. »

Le 31 octobre 1989, le journal *Power in Europe* publie un document secret préparé à l'intention du Conseil des ministres. Ce document affirme que le coût de l'énergie nucléaire représente environ le double du coût de l'énergie produite par les moyens traditionnels.

Le 9 novembre 1989, le ministre de l'Énergie annonce à la Chambre des communes que l'ensemble du projet de privatisation de l'industrie nucléaire, y inclus les réacteurs avancés graphite-gaz, est retiré. Il annonce aussi un moratoire de cinq ans sur la construction de nouvelles centrales nucléaires.

Le même jour, à la Chambre des communes, le ministre pour l'Écosse explique : ni les financiers ni les experts du gouvernement n'ont pu établir le coût de démantèlement des centrales existantes.

Voilà donc un épisode parlant et typique de l'industrie nucléaire : le secret, les faux chiffres, un gouvernement désinformé, les astuces pour cacher la vérité, et le reste...

Y a-t-il d'autres cas de ce genre?

Oui, aux États-Unis par exemple. Dans ce pays, l'industrie nucléaire a été forcée par les tribunaux de révéler une bonne partie de ses secrets. Le résultat : depuis 1978, aucune commande de construction de nouvelle centrale nucléaire n'a survécu. Toutes ont été annulées.

Il est intéressant de noter que les raisons principales de ces annulations sont : la sûreté, le coût grandissant de maintenance qui déjà a atteint trois à cinq fois le niveau initialement prévu et cela en raison du mauvais fonctionnement des centrales ; et l'existence d'une loi, déjà adoptée par quarante-trois États, aux termes de laquelle les entreprises de service public sont forcées d'adopter le système de production d'énergie le plus économique. Le secret une fois levé, les centrales nucléaires sont incapables de satisfaire à cette dernière exigence.

Comme le dit le Dr A. Lovins du Rocky Mountain Institute, l'énergie nucléaire ne peut survivre que là où la production d'énergie est planifiée d'une façon centralisée sans être assujettie aux débats démocratiques ouverts et informés. Lorsque l'énergie nucléaire a été soumise à l'appréciation des marchés libres, elle n'a jamais survécu.

Bref, les conditions de sa survie sont, d'une part,

les subventions et, d'autre part, l'absence d'un débat démocratique libre.

Et en France?

Le système du secret est maintenu.

Mais quel est le niveau des prix de l'électricité en France?

D'abord, il faut comprendre la différence entre prix et coûts. Le prix est le chiffre auquel le producteur vend son énergie aux consommateurs. Le coût, bien évidemment, est le coût proprement dit de cette énergie. Celui-ci comprend les subventions énormes, directes ou indirectes, de l'État, les pertes enregistrées par EDF sur cette branche d'activité et, bien entendu, les provisions pour le démantèlement des centrales vétustes. Ce dernier point est particulièrement difficile, car nous ne savons pas comment tout démanteler, comment stocker les éléments radioactifs et comment se débarrasser des déchets. Donc, bien sûr, tout comme les Anglais, nous ne pouvons pas en estimer le coût. D'ailleurs, même EDF est forcée de l'admettre. Dans sa réponse à la Cour des comptes [1], EDF note que le coût futur du démantèlement « continue à être provisionné sur la base des estimations anciennes... faute d'estimation plus solide ».

Mais, en dépit de cette très grande différence entre prix et coûts et malgré le fait que le prix en France ne représente pas la réalité économique, les prix de l'électricité en France ne sont pas des prix bas.

La Fédération allemande des compagnies de production d'électricité (VDEW) a publié les prix de 1992 pratiqués en Europe [2]. L'étude se référait à la consommation résidentielle selon une utilisation moyenne de 3 500 kWh. Les prix français étaient plus élevés que ceux pratiqués aux Pays-Bas, au Danemark, en Irlande, au Luxembourg, en Allemagne, en Grèce, et en Grande-Bretagne. En France, le nucléaire produit près de 73 % de l'électricité. Dans les autres pays qui fournissent l'électricité à meilleur prix que la France, la proportion du nucléaire est respectivement de : 5,5 %, 0 %, 0 %, 0 %, 34 %, 0 %, et 23,8 % [3].

Les coûts de référence de la production

1. *Rapport au président de la République 1990*, tome 11, p. 210.
2. Conférence de presse à la Hanover Messe, le 21 avril 1993.
3. Commissariat à l'énergie atomique (CEA), « Les Centrales nucléaires dans le monde, 1993 ».

d'électricité en France publiés par le ministère de l'Industrie en 1993 montrent que, en dépit de l'utilisation d'hypothèses particulièrement favorables au nucléaire, celui-ci est 50 % plus cher que l'électricité produite par la cogénération turbine à vapeur au charbon, plus cher que la cogénération turbine à combustion au gaz et seulement marginalement meilleur marché que les éoliennes en sites appropriés.

D'ailleurs, EDF le sait bien. Dans un rapport interne sur la « stratégie commerciale d'EDF 1990-1992 » en date de juin 1989, EDF décrit la cogénération et l'autoproduction d'électricité comme des « menaces ». Il faut s'opposer à la cogénération « en faisant pression sur les pouvoirs publics... », recommande-t-elle.

Et qu'en est-il de la sûreté ?

L'histoire de l'énergie nucléaire peut se résumer en une longue suite de dissimulations et de mensonges. L'exemple le plus connu, bien sûr, est la tragédie de Tchernobyl.

Encore très récemment, le 24 mai 1993, le journal *Énerpresse* nous faisait savoir que le président de la Société française de l'énergie nucléaire (SFEN), Jean-Paul Lannegrace, a déclaré :

« Après tout, il n'y a eu que 31 morts à Tchernobyl. » M. Lannegrace occupe aussi le poste de directeur délégué à la fabrication des combustibles nucléaires chez Framatome. De son côté l'Agence internationale à l'énergie atomique confirme ce chiffre.

En août 1992, le professeur Vernes et le Dr Coequit, responsables de médecine nucléaire à l'Hôpital B à Lille, affirmaient dans une interview à *Nord Éclair* qu'il n'y a pas de problèmes de santé chez les enfants. L'interview faisait partie d'un article intitulé « Les enfants de Tchernobyl ne sont pas malades des radiations [1] ».

Les protocoles secrets des réunions du groupe opérationnel du bureau politique en URSS concerné par la liquidation des suites de l'accident de Tchernobyl nous fournissent les informations suivantes :

« Secret - Protocole n° 9 - 8 mai 1986...

« Le ministre de la Santé de l'URSS a adopté de nouvelles normes de niveaux de radioactivité pouvant être tolérés par la population. »

Les nouvelles normes étaient de 10 à 50 fois supérieures aux anciennes !

Le doyen de la chaire de physique nucléaire de l'université de Biélorussie, Alexandre Lioutsko,

1. Voir Bella et Roger Belbeoch, *Tchernobyl, une catastrophe*, éd. Allia, 1993.

rapporte l'attitude des nucléocrates de l'Agence internationale de l'énergie atomique. « Les échantillons de sols et de produits alimentaires fournis pour mesurer le niveau de radioactivité, soudainement, ont été mis au secret. Après consultation, l'Agence internationale m'a prié de ne pas exiger la remise des résultats des analyses car l'Agence ne voulait pas être impliquée dans une éventuelle utilisation politique. »

Alla Yarochinskaya, député du Soviet suprême et membre de diverses commissions d'enquête sur Tchernobyl, vient de publier un livre : *Tchernobyl, vérité interdite*. Sa conclusion « Le mensonge sur Tchernobyl est aussi terrifiant que la catastrophe elle-même. »

Le 6 juin 1986, le ministre de l'Environnement du Land de Sarre déclare au Bundestag : « La philosophie de la sûreté des réacteurs et la politique d'information en France engendrent des préoccupations sérieuses. Le 9 mai encore, l'ambassade de France à Bonn diffusait un texte où l'on trouve ce passage : “ En raison de son éloignement de Tchernobyl, le territoire français n'a pas été touché par les rayonnements radioactifs. ” Cela s'est passé une semaine et demie après que nous eûmes mesuré en Sarre et en Rhénanie-Palatinat 2 000 fois la valeur normale. Pendant que nous recommandions de ne pas consommer de lait et de légumes frais, régnait en France un mutisme général, un mutisme glacial, et la population n'a été informée de rien. Ce niveau zéro de la politique d'information en France est aussi hostile à l'homme que le blocage d'information en Union soviétique. »

Où est la vérité ?

Personne ne la connaît dans toute son étendue. Nous pouvons seulement apercevoir quelques parties de l'iceberg. Le président de l'Ukraine, Leonid Kravtchouk, a déclaré lors du Forum économique mondial à Davos, en Suisse, que onze millions de personnes ont été affectées par les suites de l'accident de Tchernobyl.

Voici quelques autres citations :

– Leonid Ichtchenko, médecin-chef de l'hôpital du district de Narodichi : « Nous avons examiné à plusieurs reprises tous les enfants du district. 80 % d'entre eux souffrent d'une hypertrophie de la thyroïde [1]. »

– Alexander Satchko, directeur de la polyclinique du district de Narodichi : « La totalité des 5 000 enfants du district a été irradiée à l'iode 131 [2]. »

1. Alla Yarochinskaya, *Tchernobyl, vérité interdite.*
2. *Idem.*

– En mars 1992, le gouvernement de l'Ukraine a annoncé qu'il estimait que, jusqu'à ce jour, entre 6 000 et 8 000 personnes étaient déjà mortes des conséquences directes du désastre de Tchernobyl [1].

– Le journal ukrainien *Kiewskie Wedomosti* a publié des statistiques concernant le seul district de Karkov : 3 633 personnes sur les 20 000 habitants auraient été irradiées [2].

– En septembre 1992, l'Organisation mondiale de la santé a annoncé qu'en Biélorussie le nombre de cas de cancers de la thyroïde avait été multiplié par 24. Le Dr Wilfried Kreisel, coordinateur du programme international de l'Organisation mondiale de la santé, déclara : « Nous sommes absolument certains que cette augmentation est la conséquence de l'accident [3]. »

– Selon le comité « Tchernobyl » du gouvernement russe, parmi ceux qui ont participé au nettoyage du site de Tchernobyl, 7 000 sont morts au cours des sept dernières années. Stanislas Troitsky, porte-parole du comité, ajoute que 1 250 d'entre eux se sont suicidés [4].

– En Norvège, une étude portant sur 35 263 grossesses et 23 880 naissances fait

1. *Energy Economist*, avril 1992.
2. *Énerpresse*, 28 avril 1993.
3. *Nature*, 3 septembre 1992; et Reuter, 23 avril 1993.
4. IPS/*Moscow Times*, 12 janvier 1993.

apparaître une augmentation de 13,5 % de fausses couches au cours de l'année qui a suivi l'explosion [1].

Et on pourrait poursuivre longtemps les citations.

Il ne faut jamais oublier – et pourtant nous le faisons constamment – que le nucléaire possède une dimension spéciale : un accident provoque des quantités de morts et de maladies graves inestimables, sur une longue période de temps. Géographiquement, ses effets sont terriblement étendus, car les éléments radioactifs sont transportés par les vents et par l'eau. La contamination des sols durera des siècles. L'isotope principal, le plutonium 239, a une demi-vie de 24 000 ans.

Quels sont les risques nucléaires aujourd'hui dans les pays de l'ex-URSS et dans les nations de l'Europe de l'Est ?

Maurice Strong, secrétaire général de la Conférence des Nations unies sur l'environnement a déclaré : « Nous vivons sous la menace de quarante Tchernobyl et cela dans la seule Europe de l'Est et la Russie. »

1. *La Lettre du gynécologue*, n° 152, 1991.

Et en Europe occidentale ?

Les nucléocrates occidentaux se plaisent à répéter que le problème de la sûreté ne se pose qu'à l'Est. En réalité, de nombreux incidents se sont produits en France comme ailleurs. Ils constituent les symptômes d'un danger grave.

Donnez-nous quelques exemples.

En 1990, Pierre Tanguy, inspecteur général d'EDF, a écrit dans son rapport annuel [1] : « Aujourd'hui, c'est sans conteste le risque de rupture brutale d'un ou plusieurs tubes de générateur de vapeur qui est le plus préoccupant, compte tenu de l'état des générateurs de vapeur d'un grand nombre de tranches. »

Les générateurs de vapeur sont de très grands échangeurs de chaleur au sein d'un réacteur nucléaire. C'est à travers les milliers de tubes reliés aux générateurs de vapeur que circule le réfrigérant primaire. Une rupture dans l'un de ces tubes peut provoquer un accident par perte de réfrigérant. Elle peut également conduire à la perte de l'eau refroidissante à l'extérieur de l'enceinte de

1. *Rapport Tanguy, l'original*, 8 janvier 1990, p. 6-7.

confinement. Cela pourrait laisser à découvert le cœur du système et déclencher un accident de fusion du cœur suivi de massifs relâchements de radioactivité.

A ce jour, à travers le monde, ont été rapportés douze cas de rupture de générateurs de vapeur. Nous avons la chance que ne se soit produit qu'un nombre limité de relâchements radioactifs. Mais, partout dans le monde, l'état des générateurs de vapeur est devenu une affaire urgente.

La France a décidé le remplacement de générateurs de vapeur dans 24 réacteurs. Jusqu'à ce jour, seuls les générateurs de vapeur de la centrale de Dampierre-1 ont été remplacés. Ceux de la centrale de Bugey-5 doivent suivre cette année.

Autre exemple : en septembre 1991, une fuite a été détectée sur le couvercle de la cuve du réacteur à Bugey-3. La cause en était une fissure dans une traversée du couvercle de la cuve. Ces traversées jouent un rôle crucial pour l'introduction de barres de contrôle dans la cuve du réacteur. La rupture d'une d'entre elles pourrait aboutir à deux accidents : une fuite non isolable du réfrigérant et des dégâts dans le système de commande du réacteur. Et cela, en retour, pourrait mener à l'accident que serait la fusion du cœur.

Dix-huit mois après cette découverte, 10 réacteurs français seulement parmi les 54 potentiellement touchés en France avaient subi une inspection totale. Ces inspections ont révélé que huit d'entre eux étaient affectés par le même phénomène. Des défaillances de même nature furent identifiées sur des réacteurs situés en Suède, en Suisse et en Belgique. Et qui plus est, au cours du mois de mai 1993, des fissures circulaires de 18 mm de long et d'au moins 4 mm de profondeur se révélèrent dans le réacteur de la centrale de Ringhals-2 en Suède [1]. Ce type de fissure est particulièrement dangereux, dans la mesure où il n'y a pas de fuite précédant une rupture, et qu'en conséquence les pièces pourraient subir une rupture sans aucun avertissement préalable.

Et il existe un autre type de problème. En mai 1992, EDF a été informée officieusement que certains documents fournis par un prestataire, suite à une intervention sur le réacteur de Dampierre-1, auraient été falsifiés. Des contrôles effectués par EDF ont, en effet, établi que deux des soudures incriminées sur trois étaient défectueuses. Ces soudures sont importantes pour la sûreté de l'appareil. Il s'est avéré que le sous-traitant avait falsifié les radiographies de contrôle de qualité. Par la suite, il a été découvert qu'une quinzaine de soudures se trouvant sur trois des quatre réacteurs de Dampierre étaient, elles aussi, défectueuses [2].

1. *Nucleonics Weeks*, 10 juin 1993.
2. Magnuc, interrogé le 28 septembre 1992.

Quel sera le sort des centrales existantes?

Nous devons tous réaliser que jamais une grande centrale nucléaire exposée pendant de nombreuses années à un intense flux de neutrons et contaminée par lui n'a été déclassée ou démantelée. Aussi ne savons-nous pas dans toute l'étendue de sa complexité comment cela peut être accompli et quel en serait le coût. Nous ne pouvons même pas savoir réellement si, en fin de compte, la chose est faisable. En plus des exemples que j'ai déjà décrits, des problèmes métallurgiques, aussi sévères qu'inattendus, surgissent lorsque d'épaisses sections d'acier exotique et autres alliages, tels que ceux basés sur le zirconium, sont exposés à une combinaison de radiation intense, de chaleur, de vibrations et de corrosion chimique. Ainsi donc, l'industrie devra affronter d'amples et inattendues réparations. Là réside la principale source des futurs revenus de sociétés telles que Framatome. Leur avenir commercial semble devoir être prospère, non comme résultat de la construction de nouvelles installations nucléaires, mais parce que les centrales existantes subissent de si grands troubles qu'elles se voient contraintes de passer des commandes de pièces de rechange, bien plus importantes que celles qui avaient été initialement prévues. Mais il s'est produit de grands événements : la décision prise par la très importante compagnie d'électricité du Canada, Ontario Hydro, d'abandonner une part substantielle de sa capacité nucléaire plutôt que de procéder aux travaux de réparations. Et aux États-Unis la décision de fermer les anciens réacteurs, tels que ceux de la centrale de Yankee Rowe et de la centrale de Trojan.

Que devrions-nous faire pour aider la Russie et les pays de l'Europe de l'Est ?

En ce moment, les pays occidentaux réfléchissent aux diverses façons d'aider ces nations. Nous en avons parlé lors de nos conversations sur l'Europe. En ce qui concerne le remplacement du système nucléaire, nous devons aider directement et immédiatement. Non par charité, mais parce que les accidents éventuels ne respecteront aucune frontière. Leur problème est aussi le nôtre, et il est urgent.

Nous devons faciliter, techniquement et financièrement, la fermeture de leur système d'énergie nucléaire, et le remplacement par des centrales à gaz à haut rendement et de préférence en cogénération. Les turbines associées au fonctionnement de ces centrales à gaz pourraient être des versions légèrement adaptées de celles déjà réalisées pour l'aviation à réaction militaire, industrie qui a besoin de sa conversion au civil. Le gaz naturel abonde en Russie. De telles centrales ne coûtent pas cher, peuvent être construites rapidement et montées près des villes et des usines qui ont besoin de leur production.

Mais, pour atteindre cet objectif, il faudra se battre contre le pouvoir de la nucléocratie occidentale. Pour elle, les défaillances de l'industrie nucléaire dans les pays de l'Est constituent le salut potentiel de l'industrie d'énergie nucléaire à l'Ouest.

Si les nucléocrates occidentaux parviennent à nous faire croire que les problèmes à l'Est ne sont que le reflet de l'incompétence communiste et que tout va bien chez nous, alors ils auront trouvé leur pactole. Ils pourront rééquiper l'ensemble de l'industrie nucléaire des pays de l'Est et ainsi provoquer la renaissance de leur propre industrie. Ce n'est pas par hasard que les institutions occidentales chargées de ces questions sont presque entièrement prises en main par les nucléocrates.

En France

Quelles réformes jugez-vous nécessaires pour la France ?

Il est évident qu'on ne peut pas résoudre les problèmes économiques et sociaux de la France tant que subsistera le système de libre-échange mondial.

Il ne sert à rien de faire le ménage dans la cabine si le paquebot lui-même est en train de couler. Pour autant qu'on n'aura pas bâti une Europe valablement structurée et protégée du libre-échangismc mondialiste, les réformes nécessaires ne pourront être suffisantes.

Nous avons déjà parlé de vos idées sur l'Europe et sur le libre-échange. Donc, passons directement aux réformes. Quelles sont celles que vous jugez nécessaires ?

La France est paralysée par un carcan corporatiste. Il s'agit du même carcan que les bureaucrates de Bruxelles veulent imposer à l'Europe tout entière. Il faudra le briser pour libérer la vitalité de la nation.

Qu'entendez-vous par « un carcan corporatiste » ?

À bien des égards, le corporatisme est l'antithèse de la subsidiarité. Pour comprendre l'un, il faut comprendre l'autre. Une société fondée sur la subsidiarité ne centralise que les seules responsabilités qui ne peuvent être assumées d'une manière décentralisée.

Cela est vrai sur toute la ligne. Elle ne transfère, ni à la collectivité ni à l'État, les responsabilités qui, d'une façon naturelle, sont celles des familles. Elle ne détruit pas les petites et moyennes entreprises pour concentrer leurs activités dans des groupes géants. Elle n'éteint pas les exploitations agricoles familiales pour les regrouper dans des vastes exploitations mécanisées de monoculture. Au contraire, elle a compris qu'une nation saine doit être riche de villages, d'artisanats, d'une multitude de petites et moyennes entreprises couvrant un large spectre de métiers, ainsi, bien sûr, que de grands groupes industriels.

Le corporatisme, de son côté, mène à une société très différente. Peut-être la meilleure façon d'illustrer le corporatisme est d'imaginer un triangle à la tête duquel se situe l'État. Aux deux bases vous trouverez, d'une part, le patronat et, de l'autre, les syndicats. Ces trois formations possèdent des intérêts objectivement liés. Les syndicats ne peuvent prospérer que lorsque leurs adhérents travaillent pour de grosses entreprises. C'est dans de telles entreprises que, face aux pouvoirs de patrons relativement distants et anonymes, il est souvent nécessaire de se regrouper pour créer un contrepoids. Dans de petites entreprises, au sein desquelles le patron connaît chacun de ses employés et travaille parmi eux, ce regroupement en syndicats est rarement nécessaire. Ainsi, pour prospérer, les syndicats ont besoin des grosses sociétés. Celles qui, de surcroît, sont nationalisées sont encore plus friandes car les syndicats peuvent renforcer leurs positions en offrant à leurs adhérents une défense et contre le grand patronat et contre l'État.

Le patronat, de son côté, apprécie ce triangle de pouvoir. Il lui permet de régler avec les syndicats les normes de travail et de salaires applicables à travers des secteurs entiers de l'économie et ainsi de réduire l'intensité de la concurrence.

Qui plus est, en tant que l'un des trois principaux acteurs sur la scène économique, il peut profondément influencer la politique du gouvernement.

L'État, pour sa part, se trouve conforté par une structure qui donne l'impression de l'ordre. Les choses sont « tenues ». L'État se trouve face à deux grands interlocuteurs plutôt qu'à une multitude d'entreprises de différentes tailles. Un tel système répond parfaitement au système bureaucratique. De plus, lorsque l'État doit intervenir dans des négociations entre deux grandes et puissantes institutions pour imposer sa volonté, il doit être encore plus grand et encore plus puissant. Il s'agit là de la satisfaction la plus profonde qu'on puisse donner à une bureaucratie, qu'elle soit du domaine public ou privé. L'objectif principal de toute bureaucratie publique ou privée est en effet d'agrandir son champ d'action, d'accroître sa taille et de se perpétuer.

Donc, tout en se querellant de temps à autre, les trois participants du triangle corporatiste ont besoin les uns des autres.

Mais ce système étouffe tout ce qui n'en fait pas partie. Progressivement, la nation et ses activités sont dominées par des groupements industriels géants, des syndicats puissants et un État qui ne reconnaît plus de frontières à ses responsabilités et à son pouvoir. L'esprit corporatiste finit par tout imprégner, même l'Éducation nationale et le système de santé publique.

Passons donc à l'Éducation nationale.

L'Éducation nationale a été terriblement blessée par le corporatisme. Lorsque le pouvoir est contrôlé par le triangle corporatiste, tout est fait pour que l'Éducation nationale produise des gens pouvant servir un tel système. Ainsi le jeune cadre dynamique est mieux considéré que le patron d'une petite entreprise. L'ouvrier technique est plus estimé que l'artisan. Les futurs fonctionnaires, quant à eux, constituent l'élite, car ce sont eux qui vont servir le roi, car c'est l'État qui a repris les pouvoirs de la monarchie absolue.

Il ne s'agit là que d'exemples, mais c'est ainsi que le système éducatif a cessé de produire les personnes nécessaires pour peupler une nation décentralisée et, je le répète, riche de villages, d'artisanats, d'une multitude de petites et moyennes entreprises couvrant un large spectre d'activités. Pour résumer, l'objectif même de l'éducation est à repenser.

Et ensuite ?

Comprendre l'importance de l'apprentissage. La force de l'Allemagne est qu'elle ne s'est pas mise à mépriser l'apprenti. L'éducation le respecte et incorpore, au premier plan, ses besoins.

Aussi les éventuels créateurs et patrons de petites et moyennes entreprises doivent-ils retrouver du soleil. Il faut savoir que les hommes nécessaires pour faire fonctionner le système du triangle corporatiste sont des spécialistes. Les qualités nécessaires pour être patron d'entreprise sont celles du généraliste. Il est frappant de voir jusqu'à quel point nous manquons d'hommes et de femmes capables de créer et de bâtir. En province, on trouve des pépinières industrielles créées par les municipalités pour engendrer du travail. Souvent, elles sont plutôt vides. Ce ne sont pas les usines qui manquent ni les crédits, mais les entrepreneurs. Notre système n'en fabrique plus. Il fabrique des cadres en leurs lieu et place.

Quelle est donc la structure que vous proposez ?

Une structure décentralisée, diversifiée et répondant aux besoins des familles et de la société.

Je m'explique. Je ne crois pas aux monopoles, ni publics ni privés. C'est par la diversité et par le choix qu'on assure la nécessité pour chaque établissement d'améliorer le niveau de l'enseignement qu'il offre aux familles.

Les autres principes de base qu'il faut, je pense, respecter sont : premièrement, l'égalité de chances pour tout étudiant ; deuxièmement, que cette égalité ne diminue pas le clivage qui doit exister entre ceux qui sont méritants et ceux qui ne le sont pas ; et, troisièmement, la liberté pour les familles de faire choix de l'école souhaitée pour leurs enfants.

Tout cela serait réalisable si l'on procédait de la manière suivante : l'État pourrait remettre à chaque famille un crédit annuel sous forme d'un « bon » couvrant le coût de l'éducation de chaque enfant à un niveau jugé nécessaire par la nation. La famille, de son côté, pourrait choisir les lieux d'enseignement où elle dépenserait ce « bon ».

La liberté ainsi créée entraînerait l'émergence d'une diversité d'établissements d'enseignement. A côté du système public, on trouverait quantité d'établissements gérés par les collectivités locales, par des œuvres religieuses ou laïques, par des entreprises privées, par des associations coopératives d'enseignement, etc. Les familles auraient le choix entre le service public et une multitude de services privés, y compris ceux qui mettraient davantage l'accent sur l'apprentissage.

Les établissements qui répondent le mieux aux besoins familiaux s'agrandiraient, et l'inverse ne serait pas moins vrai.

L'État, bien évidemment, devrait maintenir son

rôle légitime : celui d'administrer les établissements publics et de contrôler les normes du secteur privé.

Et la santé publique, comment devrait-elle refléter l'esprit de la subsidiarité ?

La responsabilité d'une communauté prospère et humaine consiste à veiller à ce que chacun puisse obtenir des services médicaux décents. Il s'agit là d'une évidence. Le problème réside dans son interprétation et son exécution.

Là aussi, tentons de fixer les objectifs fondamentaux. Comme partout, la subsidiarité s'impose. Il ne faut centraliser les services hospitaliers que lorsqu'on ne peut pas les fournir au plan local. Ainsi des hôpitaux de très haute technologie et de grande spécialisation ont besoin d'être centralisés, cependant que les hôpitaux pour des maladies plus courantes devraient être décentralisés d'une façon maximale.

Ensuite, l'État a le devoir de concentrer ses efforts sur les personnes sans ressources. Il est absurde que l'État acquitte les frais médicaux des gens riches. D'ailleurs, les comptes de la nation prouvent qu'il est déjà impossible pour l'État de poursuivre dans la voie actuelle. L'avenir se révélera encore plus difficile en raison du vieillissement de la population. Si nous n'avons pas le courage d'affronter les réalités, le système médical tout entier tombera en décadence.

Comment faire, alors ?

Il faut édicter une législation obligeant chacun à assurer la sauvegarde de sa propre santé auprès d'une société d'assurances. Cette obligation, comme vous le savez, est déjà en vigueur pour les automobilistes astreints à s'assurer contre certains risques. L'assurance ainsi contractée permettrait, contre le paiement d'une prime mensuelle, le remboursement des soins médicaux toute sa vie durant.

L'État interviendrait pour acquitter, en partie ou totalement, les primes d'assurances de ceux qui n'ont pas les moyens de le faire. Cette aide s'avère nécessaire, soit pour des raisons économiques, soit à cause d'un état de santé exceptionnel au moment où le contrat d'assurances est souscrit.

Un tel système une fois mis en place, le marché libre assurerait qu'il soit automatiquement suivi par la création d'une grande diversité d'hôpitaux et de centres de traitement. Ceux-ci viendraient s'ajouter au service de santé publique et offriraient des choix supplémentaires. Ils pourraient être gérés par des municipalités, par des œuvres de charité religieuses ou laïques, par des organisations à but lucratif, par des associations de médecins et autres systèmes.

Chaque malade choisirait l'établissement où il dépenserait les sommes versées par les assurances. Le choix, bien entendu, serait fonction de l'opinion que le malade se serait faite de l'efficacité et de la qualité des services rendus, et pourrait se porter indifféremment sur le secteur public ou le secteur privé. Ainsi, par le jeu du choix, les bons établissements s'agrandiraient et se multiplieraient. Les autres s'amélioreraient ou disparaîtraient.

Dans un tel système, l'État aurait à maintenir de très importantes responsabilités. Il continuerait d'être responsable du service public. Il contrôlerait les normes des services offerts par les établissements du secteur privé. Il s'assurerait de la solvabilité des compagnies d'assurances et de la prudence de leur gestion. Et il veillerait, en collaboration avec les assureurs, aux abus éventuels d'ordre financier qui pourraient surgir dans le coût des services médicaux.

En revanche, les avantages seraient importants : l'État concentrerait ses ressources financières là où s'en fait sentir le besoin. La diversité, le choix et la décentralisation optimale seraient établis. Et l'équilibre dans les caisses de l'État pourrait être retrouvé, sans pour autant renier notre responsabilité consistant à assurer à chacun des services médicaux décents.

Sur le plan éthique, cela ne poserait-il pas le problème d'une médecine à deux vitesses, celle des riches et celle des pauvres ?

Ce que je propose, c'est que les riches paient tandis que les pauvres ne paient pas, mais que les deux puissent faire leur choix parmi les mêmes établissements de santé.

Et comment contrôler le prix des produits pharmaceutiques ?

Il semble exister en ce domaine deux systèmes principaux à travers le monde : le contrôle bureaucratique des prix ; et celui imposé par la loi de la concurrence.

C'est ce dernier système qui est appliqué aux États-Unis. Il est fondé sur des prémisses totalement fausses. Le laboratoire qui découvre un nouveau produit bénéficie d'un long monopole, et cela par l'attribution d'un brevet. S'il s'agit d'un produit important, qui fait novation et donne lieu à l'attribution d'un brevet, alors se crée un monopole.

Le laboratoire pourra vendre son produit à n'importe quel prix. Quand la vie de votre enfant en dépend, vous êtes prêt à vendre tout ce que vous avez pour l'obtenir. C'est ainsi que se manifestent des abus absolument inacceptables.

L'idée qu'il existe une vraie concurrence, et donc une pression sur les prix, est, dans le meilleur des cas, naïve. Par contre, il existe une autre justification pour le brevet. La voici : si le chercheur qui découvre un nouveau produit n'est pas largement rémunéré, la recherche se ralentit car elle est très coûteuse et, d'ordinaire, entreprise dans un but lucratif. Donc, chacun souffrirait de ce manque d'innovations.

Mais il n'est pas impossible de trouver une solution à ces exigences apparemment contradictoires. Il faut maintenir le système du brevet pour l'inventeur. Mais il faudra que chaque laboratoire, valablement établi, ait automatiquement le droit d'obtenir une licence d'exploitation du produit, et cela contre le versement de redevances, même substantielles, au détenteur du brevet. Ainsi, la recherche serait largement récompensée. De plus, une vraie concurrence s'établirait. Le monopole d'exploitation serait brisé et remplacé par une concurrence diversifiée et suffisante pour contrôler les prix et éliminer les abus.

Et que pensez-vous des autres interventions de l'État dans le domaine social, c'est-à-dire les autres branches de « l'État-providence » ?

Je crois qu'il faut respecter certains principes : nous devons, sans aucun doute, fournir un filet de sauvetage là où il est nécessaire. Mais il ne faut jamais étouffer la responsabilité personnelle et familiale.

L'aide systématique et chronique est une arme à double tranchant. Parfois elle marginalise ceux qui en ont besoin en créant une espèce de sous-classe d'assistés. Aux États-Unis, hélas, existe une culture selon laquelle tout est chiffrable et mesurable. Les Américains ne prêtent pas grande attention aux causes profondes créatrices de la dégénérescence sociale. Au contraire, ils ont tendance à croire qu'il est suffisant d'en traiter les symptômes avec de l'argent. En fait, comme l'a souligné le professeur Walter Williams, de l'université George Mason, l'argent qui a été dépensé aux États-Unis pour les programmes de pauvreté depuis les années 60 « aurait permis d'acquérir les actifs des cinq cents premières sociétés classées par le magazine *Fortune* », c'est-à-dire les cinq cents plus grandes sociétés d'Amérique, et, « virtuellement, de surcroît, toutes les terres agricoles américaines. Et quel fut le résultat ? Le problème de la pauvreté n'a pas été résolu, il a même empiré ».

En somme, il est nécessaire de comprendre et de traiter les causes, et de ne pas s'occuper exclusivement des symptômes.

La raison

Au cours de nos conversations, vous avez insisté sur un certain nombre de problèmes graves et avez suggéré des solutions possibles. Mais pourquoi sommes-nous confrontés à tant de crises potentielles ?

Nous sommes arrivés au terme d'une époque. Il est vital que nous regardions autour de nous avant de poursuivre cette même route qui nous a menés là où nous en sommes. Certains croient que nos problèmes peuvent être résolus en accomplissant mieux, d'une façon plus efficace, ce que nous avons fait jusqu'ici. Ils ne doutent pas que nous soyons sur la bonne voie, mais ils pensent que nous pourrions simplement améliorer nos méthodes pour atteindre l'objectif. A ceux-là, je réponds : interrogez-vous. Comment se peut-il que, près de deux siècles après la naissance de la révolution industrielle, le nombre de personnes vivants dans la misère, matérielle et sociale, tant dans les pays industrialisés que dans le tiers monde, se soit accru de manière exponentielle ? En 1800, on comptait environ 7 millions de personnes dans les taudis urbains. Aujourd'hui, ce chiffre s'élève à quelque 575 millions. Ne faites pas l'erreur de croire que cette évolution soit le simple reflet de la croissance de la population mondiale. Les bidonvilles se sont développés seize fois plus vite que l'ensemble de la population.

N'est-il pas paradoxal qu'au cours de la période de croissance économique la plus importante qu'ait connue l'humanité, et en dépit d'innovations technologiques sans précédent, la misère se soit étendue de façon aussi dramatique, et continue de le faire à travers le monde ?

Et comment se fait-il que la planète se trouve confrontée à des menaces d'une tout autre dimension que les guerres, les épidémies et autres tourments qui marquèrent les plus sombres périodes de l'humanité ? Les eaux, douces et salées, sont empoisonnées ; la terre et les sols se dégradent ; dans de nombreuses régions, l'air est devenu dangereux à respirer ; la destruction de la couche d'ozone pourrait transformer l'ensoleillement quotidien en menace mortelle ; et comme l'a déclaré Maurice Strong, secrétaire général de la Conférence des Nations unies sur l'environnement, nous vivons sous la menace de « quarante Tchernobyl », et cela dans les seules Europe de l'Est et Russie.

Telle est l'extraordinaire énigme que nous avons à comprendre : comment est-il possible que la plus florissante époque de production matérielle qu'ait connue l'humanité ait provoqué un effondrement social et que, à l'apogée de ces succès technologiques et scientifiques, l'humanité voie se déstabiliser les conditions mêmes de la vie ?

Et comment répondez-vous à ces interrogations ?

Pour tenter de répondre, il faut comprendre le comportement de l'homme moderne occidental et, pour cela, il faut interroger les fondements de sa culture, ainsi que ceux des autres peuples qui, eux, n'ont pas façonné le monde moderne. La religion de l'homme occidental moderne, avant tout, a pour prémisses l'existence d'un Dieu unique, qui a créé l'homme à son image ; la croyance que l'homme – et l'homme seul – personnifie Dieu sur Terre ; qu'il jouit, en ce monde, d'un statut à part, privilégié par rapport à toutes les autres formes de vie ; et que la nature a été créée pour être à sa disposition.

Cette manière de voir est tout à fait différente de la vision religieuse qu'ont les peuples dits primitifs. Ils ne peuvent concevoir l'homme comme un individu existant en soi, séparé des forces animées et inanimées qui l'entourent. Les hommes et les femmes des sociétés primitives ont une approche de la nature pleine de respect et de vénération. Dans le monde primitif, le rapport de l'homme à la nature n'est pas celui d'exploitant à exploité, mais une relation d'harmonie. Pour l'homme moderne, en revanche, la nature est un terrain d'investigation, d'analyse et, en fin de compte, d'exploitation.

Bouddhistes et hindouistes traditionnels sont convaincus que les problèmes de la société occidentale procèdent de la dichotomie que nous percevons entre l'homme et la nature.

Ils estiment que cette profonde rupture découle des prémisses fondamentales de la tradition judéo-chrétienne, et que ce contexte autorise l'homme occidental à croire que la nature est là pour être soumise à sa volonté et à l'agressivité de ses instincts.

Et quelles ont été les convictions de la plus récente des grandes religions, le marxisme-léninisme ?

Il rejette toute notion de spiritualité et place entièrement sa confiance dans la science et la technologie. Le marxisme se sent absolument libre d'exploiter la nature pour les besoins exclusifs de l'homme.

Les philosophes modernes n'ont-ils pas accentué la conviction selon laquelle l'esprit de l'homme est coupé à la fois de son corps et de la nature ?

Oui, ils se sont inspirés de la tradition platonicienne, et c'est ainsi que René Descartes et Francis Bacon ont défendu l'idée d'une séparation entre science et religion.

La conclusion était inévitable : l'homme pouvait se servir de la nature et la science serait son instrument. D'ailleurs, Descartes ne disait-il pas que les hommes devraient être « maîtres et possesseurs de la nature [1] » ?

Bacon, pour sa part, estimait que les faits établis selon la méthode scientifique n'avaient en eux-mêmes aucune signification morale. La science étant ainsi libérée de la morale, elle pouvait aller de l'avant sans limitations.

Vous pensez qu'il fallait la limiter ?

Je pense que la science est utile pour autant qu'elle contribue à la stabilité et au bien-être de

1. R. Descartes, *Discours de la méthode.*

la société. Mais, après avoir été libérée de la contrainte morale, elle a fait son chemin en toute indépendance, avec l'absolue conviction qu'elle avait le droit et le devoir de chercher, de découvrir et d'inventer, sans s'occuper des effets ultimes de ses innovations sur la biosphère et sur toutes les forces de vie, y compris, bien entendu, sur les sociétés humaines. Des générations successives d'étudiants ont été éduquées dans la croyance inconditionnelle en la capacité de la science de résoudre tous les problèmes. Mais, au fur et à mesure que certains problèmes se résolvaient, d'autres – nouveaux et inattendus – se créaient. Aussi sommes-nous confrontés à une crise qui ne cesse de s'approfondir.

Vous nous avez défini la différence entre la culture de l'homme occidental moderne et celle d'autres peuples que vous décrivez comme n'ayant pas « façonné le monde moderne ». Or la culture moderne n'est-elle pas en train de dominer les cultures traditionnelles ?

C'est exact. Les nations qui jouissent d'un produit national brut élevé, une mesure trompeuse comme nous l'avons vu tout à l'heure, s'imaginent que leur supériorité technologique leur confère une supériorité spirituelle et une plus grande sagesse.

Certains pays industrialisés semblent croire qu'il n'existe qu'une seule voie, une seule culture, un seul système social et politique applicables dans tous les pays, quelles que soient leurs traditions. Hélas, cela semble être le cas aux États-Unis, maintenant que ce pays est devenu la seule superpuissance et que son principal concurrent idéologique, le communisme, a échoué. Il est tragique de voir cette superpuissance tenter d'imposer sa culture au reste du monde, soit par la force des armes, soit par la pression économique. Cela est d'autant plus inquiétant que l'action qu'elle exerce est sincère. Elle croit vraiment faire le bien. Elle pense même que c'est son devoir de répandre la culture américaine, que dis-je, d'en faire bénéficier l'ensemble du monde. Et elle le fait sans regarder autour d'elle, sans remarquer le drame social qui se déroule sur son propre territoire.

L'impérialisme culturel est plus profondément nuisible que l'expansion territoriale. Naguère, les conquistadores pillèrent, violèrent, puis rentrèrent chez eux. Ils ont semé la douleur sous leurs pas. Mais les conséquences, à long terme, de leurs actes ne peuvent en rien être comparées aux dommages profonds causés par leurs successeurs et par le prosélytisme des occidentaux. Souvent, des peuples entiers se sont vu arracher leur religion, leur identité et leur langue.

Il est bien triste que le « nouvel ordre mondial », dont on a tant parlé, n'ait pas adopté pour objectif un monde qui permette aux nations de vivre conformément à leurs religions, à leurs traditions, à leurs besoins et à leurs aspirations propres, libres de toute intervention impérialiste, qu'elle soit culturelle ou territoriale, bien intentionnée ou non, imposée par la force des armes ou par l'incitation financière.

Ce nouvel ordre mondial devrait interdire à toute nation d'imposer aux autres ses conceptions politiques, sociales ou morales. Que les pays industrialisés se préoccupent de leurs propres plaies sociales avant de clamer haut et fort leur supériorité.

Dans ces conditions, quel rôle attribuez-vous à l'industrie et au commerce ?

Celui de créer la prospérité mais, bien sûr, en contribuant à la stabilité et au bien-être de la société. Tout comme la science, ces activités doivent s'intégrer aux besoins fondamentaux de la société.

Toute ma vie, j'ai été un libéral, dans la tradition d'Alexis de Tocqueville et de Friedrich von Hayek. J'ai vécu une époque où les deux systèmes politiques et économiques dominants en Occident ont été le libéralisme et le marxisme.

Le libéralisme a été l'antidote du centralisme. Il ne se réduit pas à une simple méthode de gestion économique. Il va bien au-delà. Sa conviction, vous le savez bien, consiste en la limitation du pouvoir de l'État grâce à la séparation des pouvoirs – exécutif, législatif et judiciaire. En même temps, le libéralisme propose d'accorder à l'État tout le pouvoir nécessaire pour exercer les fonctions qui requièrent une indispensable centralisation.

Pour le reste, il propose la décentralisation et garantit une économie de libre entreprise. Au lieu d'encourager la dépendance à l'égard de l'État, il attribue le maximum de responsabilités aux familles et aux citoyens.

Il croit fermement à l'engagement de l'État, comme de tout citoyen, à se soumettre aux lois de la nation. Telle est la justification morale du libéralisme.

Mais le monde a changé. Le centralisme marxiste est discrédité. Les sociétés humaines n'ont plus leur attention focalisée sur la guerre froide. Elles se voient obligées de faire face à de graves menaces d'un autre ordre.

Comme l'a écrit Vaclav Havel [1], « la chute du communisme peut être interprétée comme un signe indiquant que la pensée moderne a atteint sa crise finale. Notre époque a créé la première civilisation technologique globale... mais a atteint les limites de ses potentialités, le point au-delà duquel s'ouvre l'abîme. L'attitude de l'homme face au monde doit radicalement changer. Nous devons abandonner la conviction arrogante que le monde n'est qu'un puzzle à assembler, une machine dont le mode d'emploi reste à découvrir, des données brutes à insérer dans un ordinateur dans l'espoir que, tôt ou tard, il recrachera une solution universelle ».

Les libéraux doivent comprendre que, même si dans de nombreux pays et dans bien des domaines leurs principes restent éminemment valables, à eux seuls ces principes ne suffisent plus. Ils doivent intégrer les impératifs de la restauration de la stabilité dans les sociétés humaines, ainsi que dans la biosphère. Faute de quoi, les libéraux, tout comme les marxistes, seront à leur tour rejetés comme des reliques mécanistes du passé.

1. *New York Times*, 1er mars 1992.

Votre attitude à l'égard de l'industrie, de la technologie et de la science semble tout de même ambiguë.

Pas du tout. Je le répète, j'y crois – mais pour autant qu'elles contribuent à la stabilité et au bien-être de la société. Réfléchissez à nos conversations. Je me suis déclaré enthousiaste à l'égard des nouvelles technologies de l'énergie mais hostile au nucléaire; favorable aux techniques d'agriculture extensive et hostile à celles de l'intensive. Il est évident qu'il existe des technologies qui font du bien et d'autres qui, au contraire, font des dégâts.

Cela est normal. La science, la technologie et l'industrie ne sont que des outils, et, comme tout autre instrument, elles ne doivent pas évoluer indépendamment des traditions et des besoins de la société. Elles puisent leur intelligence dans l'accumulation et l'analyse de connaissances spécifiques et isolées, mais elles ne constituent pas en elles-mêmes une grande sagesse. Ces outils sont puissants; ils peuvent être utiles et, bien sûr, bénéfiques. Mais, contrairement à ce que pensait Bacon, les faits scientifiques ont bien une signification et une portée morales. La science et ses collègues, la technologie et l'industrie, doivent toujours faire partie intégrante de la société et non s'en séparer.

Tout à l'heure, vous nous avez expliqué que la science avait « fait son chemin en toute indépendance ». C'est aussi vrai pour l'économie. Comment est-il possible qu'il en soit autrement ?

Voilà la vraie question fondamentale : comment imposer une discipline à ces deux demi-dieux modernes, la science et l'économie ? Seulement en acceptant qu'il existe quelque chose de plus important, le sacré. Ne me demandez pas de le définir, car chacun doit posséder sa propre définition du sacré, qu'elle soit formellement religieuse ou non. Mais toutes les sociétés humaines ont besoin d'un engagement spirituel. Sinon, elles ne sont que des machines à calculer.

Pour mieux comprendre la perplexité de l'homme occidental moderne, il faut se référer à l'histoire de la Genèse, car le problème que vous avez abordé est très profond et la solution éventuelle l'est tout autant. Permettez-moi de vous en lire un extrait :

« Dieu créa l'homme à son image... Et Dieu leur dit : “ Soyez féconds et multipliez ; emplissez la Terre et soumettez-la ; dominez sur les poissons de la mer, les oiseaux du ciel et tous les animaux qui rampent sur la Terre " » (Genèse, I, 27 et 28 [1]).

Actuellement, certains théologiens chrétiens réexaminent leurs racines religieuses. Ils considèrent que la « soumission » et la « domination » ne peuvent être assimilées à la domination au sens profond du terme et que, comme la Bible demande aussi à l'homme « de cultiver et de garder » la Terre (Genèse, II, 15 [2]), il s'est en fait vu confier la tâche d'en être responsable et de bien la gérer. Cette école de pensée chrétienne est confortée par l'histoire de l'Arche de Noé dans laquelle Dieu a ordonné à Noé de sauver deux spécimens de chaque espèce vivante. Ce qui est interprété comme la volonté divine de préserver la diversité.

Et Dieu a établi une alliance avec « tous les animaux de la Terre » (Genèse, IX, 10 [3]), confirmant ainsi le caractère sacré de toute vie. Et, après avoir crée la Terre, « Dieu vit tout ce qu'il avait fait : cela était très bon » (Genèse, I, 31 [4]).

Ces interprétations restaurent une unité entre la science et le sacré. Puisque la Terre est « très

1. *La Bible de Jérusalem*, octobre 1989, éditions du Cerf.
2. *Idem.*
3. *Idem.*
4. *Idem.*

bonne », selon la parole divine, comment un chrétien peut-il tolérer qu'elle soit ravagée ? Si l'homme a reçu de Dieu la tâche d'être le gardien de la Terre, il est en tant que tel responsable de la nature.

Le philosophe chrétien, le Dr René Dubos, a déclaré [1] : « Nous devrions prendre à cœur l'enseignement de la Bible : le Seigneur a placé l'homme dans le jardin d'Éden pour l'entretenir et en prendre soin. Cela signifie que la Terre n'a pas été donnée à l'homme pour sa seule satisfaction, mais qu'elle a été confiée à ses soins. Les sociétés technologiques ont jusqu'à présent exploité la terre. Nous devons renverser cette tendance et apprendre à en prendre soin avec amour. »

Aussi bienvenus que soient ces réexamens de la tradition biblique, certains pensent qu'il faut aller plus loin. Car, même dans ces plus récentes interprétations de la Bible, l'homme est gardien de la nature. Il continue de jouir d'un statut à part dans la nature, et transcende tous les autres êtres vivants. Lui et lui seul a été créé « à l'image de Dieu ».

Le courant de pensée judéo-chrétien le plus prometteur aura probablement été celui de saint François d'Assise. Pour lui, la nature en son

1. Cité par Christopher Derrick, *The Delicate Creation*.

entier est le reflet de Dieu, et il décrit toutes les créatures comme étant ses « frères » et ses « sœurs ». Dans le Cantique de la Création, il parle du « soleil », du « vent » et du « feu » comme de ses « frères », de la « lune » et de « l'eau » comme de ses « sœurs », et de la « terre » comme de sa « mère ». Mais la pensée de saint François d'Assise a été vite oubliée, même par les franciscains. Car, à l'époque, la préoccupation de l'Église était de lutter pour supprimer les religions indigènes en Europe qui, elles, croyaient en la nature et au devoir de la vénérer.

Vous analysez les mots exprimés dans l'histoire de la Genèse, se référant à la soumission de la Terre et à la domination de tous les animaux qui y rampent, mais vous passez sous silence le commandement « soyez féconds et multipliez; emplissez la Terre... ».

La culture de l'homme moderne le pousse à obéir à ces commandements. Et dans certains pays ils ont même été intégrés aux systèmes de gouvernement. Je ne parle pas seulement des incitations financières accordées pour encourager la natalité, mais aussi de l'action gouvernementale à l'égard de l'aide à d'autres nations. Par exemple, pour satisfaire aux exigences de l'électorat religieux, le gouvernement des États-Unis a associé certaines aides financières attribuées à des pays en voie de développement à l'abandon de leurs systèmes de contrôle de la population.

Graham Greene, qui a été dépeint dans une interview publiée dans le journal catholique *The Tablet* comme « peut-être le plus célèbre laïque catholique vivant », a déclaré, avant sa mort, qu'il était « très mal à l'aise à l'égard de la doctrine de l'Église sur la contraception ». « Je pense, ajoutait-il, que la contraception revêt un caractère vital pour le devenir humain... Avec la surpopulation tout autour du monde, j'estime que la contraception et le contrôle des naissances restent une nécessité. » Greene poursuivait : « Il est parfaitement clair que la majorité des évêques sous le pontificat de Paul VI étaient partisans de la contraception, mais qu'il les a ignorés... »

Graham Greene s'exprimait dans un contexte où, si les tendances devaient se maintenir, la population mondiale, selon les prévisions actuelles, atteindrait les onze milliards à la fin du siècle prochain.

Comment ces idées, exprimées dans la Genèse, contrastent-elles avec le credo des autres grandes religions ?

Selon l'ancienne conception chinoise, l'homme a été créé à partir des puces qui se trouvaient sur le corps de P'an-ku, le tout premier être. D'ailleurs, Yong Yap commente [1] : « Ce qui est le plus frappant pour un Occidental, c'est la position humble que les Chinois ont assignée à l'homme ; il n'est ni le centre de la création ni le colosse qui domine le paysage, mais plutôt une petite créature parmi la multitude des éléments de la nature. »

Et le credo des religions des peuples dits primitifs ?

Peut-être la meilleure façon de l'illustrer serait que je vous lise un extrait d'une lettre attribuée au chef indien d'Amérique du Nord, Seattle, chef des Dwamish, des Suquamish et d'autres tribus alliées. Elle aurait été écrite en 1854 avec l'aide, dit-on, d'un écrivain public et adressée au

1. Arthur Cotterell et Yong Yap, *L'Ancienne Civilisation de la Chine*, Weidenfeld et Nicholson, 1975.

président des États-Unis, Franklin Pierce, qui voulait acquérir certaines terres indiennes [1]. Vous la connaissez peut-être, mais la voici :

« Comment pouvez-vous prétendre vendre ou acheter le ciel, la chaleur de la terre ? Pour nous, cette idée est absurde... La fraîcheur de l'air et le scintillement de l'eau n'appartiennent à personne. Comment pourrions-nous les acheter ?...

« La moindre aiguille de pin, la moindre grève sablonneuse, la moindre brume dans les sous-bois obscurs, chaque insecte qui bourdonne, est sacré à nos yeux, dans la mémoire et la tradition de mon peuple. La sève qui coule dans les arbres porte la mémoire de l'homme rouge...

« Les morts de l'homme blanc oublient leur terre natale lorsqu'ils partent pour le grand voyage dans les étoiles. Nos morts à nous n'oublient jamais cette Terre de beauté, car elle est la mère de l'homme rouge. Nous faisons partie de la terre comme elle fait partie de nous...

« Les fleurs parfumées sont nos sœurs. Le cerf, le cheval, l'aigle royal sont nos frères. Les crêtes rocailleuses, la rosée des prés, la chaleur du corps du poney et l'homme lui-même, tous appartiennent à la même famille...

« Nous savons que l'homme blanc ne comprend

1. Lettre citée dans *The Faber Book of Letters*, Londres, 1988.

pas notre vision des choses. Pour lui, toutes les parcelles de terre se ressemblent, car il est comme un étranger qui vient, au cœur de la nuit, voler à la Terre ce dont il a besoin. La Terre n'est pas sa sœur mais son ennemie. Une fois conquise, il la délaisse pour aller plus loin. Indifférent, il prive ses enfants de leur terre. Il oublie la tombe de son père et l'héritage naturel de ses enfants...

« Sa voracité lui fera dévorer la Terre et il ne laissera derrière lui qu'un désert...

« Le destin de la Terre, c'est le destin de l'homme. Ce n'est pas l'homme qui a tissé la toile de la vie, il n'en est lui-même qu'un simple fil. Tout ce qu'il fait à cette toile, c'est à lui-même qu'il le fait. Et même l'homme blanc qui chemine et converse avec son Dieu en ami ne peut échapper à ce destin. »

Cette pensée n'est pas très différente de celle de saint François d'Assise.

C'est vrai. D'ailleurs, ce conflit de cultures existe tout autour de nous. L'autre jour, j'ai lu dans un journal que des sociétés américaines de produits pharmaceutiques commençaient à comprendre que les tribus dites primitives possédaient une sagesse médicale inconnue de la science occidentale. Des équipes de chercheurs ont été expédiées pour étudier leurs médecines et leurs plantes. Lorsque ces émissaires veulent « faire des affaires » avec les tribus, ils imposeraient, paraît-il, une condition non financière. Ils exigeraient de la part des tribus qu'elles adoptent le système démocratique américain. J'espère que cela n'est pas vrai, mais ce serait un parfait exemple de la bêtise, de l'arrogance et de la puissance destructrice de la vague néo-impérialiste qui traverse le monde et risque de nous noyer.

Qu'en concluez-vous ?

Les nations modernes doivent cesser de croire qu'elles sont moralement supérieures parce que leur technologie est plus « avancée ».

Et la semence de tout progrès, c'est que les religions comprennent la nécessaire communion entre l'homme et la nature.

Le moment de vérité

Depuis nos entretiens de l'été 1993, le monde a considérablement bougé. J'aimerais donc connaître votre avis sur certains développements parmi les plus importants. Commençons par l'Europe. Quel est, selon vous, le fait le plus marquant de la première année après Maastricht ?

C'est l'extraordinaire divorce qui se manifeste entre les élites et la société. Les élites ont voulu, et peut-être y ont-elles réussi, imposer aux nations européennes des transformations fondamentales et irréversibles, sans débat et, en général, sans recours à l'expression démocratique. Maastricht a détruit la souveraineté nationale en transférant un pouvoir dominant à la bureaucratie bruxelloise. Le libre-échangisme mondial, dont le GATT est l'instrument, expose nos économies à une concurrence impossible avec des pays à bas salaires et ayant une population globale de près de quatre milliards de personnes. Les conséquences inévitables seront pour nous le chômage, l'appauvrissement et une profonde déstabilisation sociale. Le traité de Schengen, que nos élites continuent à appuyer, malgré son report *sine die* à la suite de problèmes informatiques, nous interdit de protéger nos propres frontières, et cela à un moment où l'on risque de subir de tragiques mouvements migratoires. N'est-il pas étonnant d'avoir à constater que, en connivence avec les élites nationales, Bruxelles s'est efforcé de nous imposer une transformation totale de notre société sans débat et, en général, sans vote national ? Bien sûr, en France, contrairement, par exemple, à ce qui s'est passé en Allemagne ou en Grande-Bretagne, Maastricht a fait l'objet d'un référendum. Mais la quasi-totalité des milieux dirigeants français s'est mobilisée en employant tous ses moyens de propagande pour déformer la question posée. On a raconté aux Français que ceux qui étaient en faveur de l'Europe se devaient évidemment de voter en faveur de Maastricht tandis que les Français qui rejetaient le concept même d'Europe étaient ceux qui voteraient contre Maastricht. Mais là n'était pas la vérité. Aujourd'hui nous pouvons constater que Maastricht a déclenché des forces centrifuges qui risquent de détruire la dynamique européenne. Maintenant, à travers les nations de l'Europe, les populations se déclarent hostiles à Maastricht. Voilà, d'ailleurs, la raison pour laquelle le gouvernement britannique, il y a quelques mois, a refusé de permettre un référendum. Il savait parfaitement que le peuple l'aurait rejeté. Pour ce qui est du GATT et du traité de Schengen, personne, sauf les gouvernants, n'a eu voix au chapitre. Je ne pense pas que les démocraties anciennes, comme les nôtres en Europe, toléreront longtemps encore une telle arrogance de la part des élites.

Comment jugez-vous la politique étrangère de l'Union européenne ?

Elle est difficile à comprendre. Prenons, par exemple, la Somalie. Pourquoi avons-nous appuyé la décision de l'ONU d'y envoyer des troupes théoriquement en mission humanitaire mais qui, dans la pratique, se sont vite transformées en une armée d'occupation tentant d'imposer un programme politique ? Lorsque le peuple somalien a rejeté cette intrusion, le résultat fut un massacre bien plus sanglant que celui de la place Tian'anmen à Pékin. Pourquoi avons-nous choisi la Somalie plutôt, par exemple, que le Soudan ? La guerre qui sévit au Soudan aura déjà fait plusieurs centaines de milliers de morts. Elle est plus étendue et plus cruelle que celle de la Somalie. Hélas, la grande différence consistait en ceci que les caméras de CNN étaient présentes en Somalie.

En Bosnie et en Serbie, nous nous sommes révélés tout aussi ridicules. Quiconque connaît les liens historiques existant entre la Russie et la Serbie sait qu'il est de tradition pour la Russie d'apparaître comme le grand protecteur de la Serbie. Toute l'histoire des confrontations dans la région entre les empires ottoman, russe, austro-hongrois et britannique le prouvent. Les Serbes sont non seulement de religion orthodoxe mais aussi des Slaves. La Russie les décrit donc comme des frères spirituels et ethniques. Vouloir la tenir à l'écart en décidant une action militaire par l'intermédiaire de l'OTAN et non de l'ONU – et cela, bien sûr, parce que la Russie bénéficie du droit de veto à l'ONU –, était tout simplement de l'enfantillage.

Et l'Algérie ?

Nous n'avons aucun droit d'intervenir dans les affaires d'un autre pays souverain. Qui plus est, nous n'avons aucun avantage à en tirer. C'est à l'Algérie et aux Algériens de régler leur avenir. Nous devons leur souhaiter de trouver une solution qui leur soit heureuse. En France, notre principale responsabilité est de protéger le territoire national et donc nos frontières. Pour cela, nous devons utiliser toutes les méthodes qui sont à notre disposition.

N'avons-nous pas l'obligation morale d'accueillir ceux qui, contraints et forcés, sont devenus des réfugiés ?

Il y a peu de choses aussi tragiques que le sort des déracinés, acculés à briser l'unité familiale et à quitter leur nation. Notre première tâche doit être de tout faire pour empêcher que nous ne provoquions nous-mêmes de telles tragédies. Nous oublions trop facilement que ce sont, d'habitude, nos actes qui engendrent de tels désastres. Vous vous souviendrez qu'au cours de nos entretiens je vous en ai fourni un exemple. La population rurale dans le monde entier est estimée à 3,100 milliards de personnes et je vous ai rappelé que, si le GATT réalisait ses objectifs, 2 milliards d'entre elles pourraient être transformées en réfugiées. Le sacrifice de l'agriculture sur l'autel du libre-échange provoquerait un désastre sans pareil dans l'histoire de l'humanité.

Quant à l'immigration, la France a le devoir de protéger sa stabilité sociale. Sa population ne représente que 1 % de la population mondiale.

Comment voulez-vous, quelle que soit sa générosité, qu'elle puisse devenir un refuge pour les vagues successives de réfugiés, conséquences inévitables des erreurs commises au nom du progrès ?

Les relations entre la France et l'Allemagne auront une influence peut-être déterminante sur l'avenir de l'Europe. Certains croient que nous ne devons jamais prendre le risque d'affaiblir nos liens avec l'Allemagne. D'autres considèrent notre comportement actuel comme l'indication que nous avons déjà accepté une subordination de fait. Quelle est votre opinion ?

Nous devons construire l'Europe avec l'Allemagne mais pas sous sa domination. Il est évident qu'une Allemagne homogène et réunifiée représente une force disproportionnée à celle des autres nations européennes et il n'est pas moins évident que la France se doit de maintenir son indépendance. Cependant, il ne faut pas demeurer insensible au vent qui traverse actuellement l'Europe. En Belgique, comme on le sait, le Parlement, l'an dernier, à l'acclamation générale, a transformé la constitution créée au XIXe siècle, qui avait tenté en vain de réunir paisiblement au sein d'un État unitaire des peuples de traditions très différentes. Les

Belges ont reconnu que leur fédération serait plus forte et plus harmonieuse s'ils adoptaient une constitution garantissant une large décentralisation vers les différents peuples qui la constituent. En Italie, nous constatons une dynamique du même ordre. Un mouvement séparatiste puissant a surgi dans la vie politique. Son objectif est de défaire l'État unitaire créé par Cavour, Mazzini et Garibaldi pour ainsi revenir à des structures décentralisées, établies sur des régions plus homogènes et reflétant les différentes traditions et cultures qu'on avait tenté d'unifier.

Nous oublions trop souvent que l'Allemagne, elle aussi, est de création récente. Il n'y a guère plus d'un siècle qu'ont été réunies, sous Bismarck, par conquête militaire et par diplomatie, des nations fières et indépendantes, chacune fondée sur des traditions, des cultures, des religions, des monarchies et même des ethnies différentes. Bien sûr la scission de l'Allemagne imposée en 1944 lui était intolérable et faisait de la réunification un besoin quasiment biologique. Mais cette réunification, une fois accomplie, pourra permettre à d'autres influences d'émerger. La Bavière s'offre en exemple. Son peuple est majoritairement catholique. Elle possède sa propre culture. La ligne de la Réforme qui marque la scission séparant l'Europe protestante de l'Église romaine, dont l'importance ne doit jamais être sous-estimée, la distingue de l'Allemagne du Nord. Dans le cadre d'une Europe bien construite, il n'est nullement impossible de concevoir en Allemagne un renforcement de la décentralisation du pouvoir vers les régions qui l'ont constituée.

Le meilleur espoir pour une Europe forte et paisible réside en un renversement des tendances centralisatrices, autoritaires et impérialistes qui avaient créé au cours des XIXe et XXe siècles les États artificiels que nous connaissons. Notre objectif doit être de bâtir une Europe largement décentralisée au sein de laquelle les vraies communautés qui la constituent assumeront les responsabilités de leur vie quotidienne.

Passons à l'économie française. Que pensez-vous de son évolution actuelle ?

La question fondamentale demeure la même : sommes-nous face à une récession cyclique et conjoncturelle normale ou sommes-nous confrontés à une crise structurelle ? Si nous acceptons la première de ces hypothèses, alors nous avons fait certains progrès. La réponse à une crise à caractère cyclique est d'éviter les mesures qui pourraient bloquer un retour à la santé normale et, au contraire, pour autant que cela soit possible, d'encourager le rétablissement de l'équilibre. C'est ainsi que les taux d'intérêt ont été substantiellement réduits, le niveau de l'inflation continue de baisser, la valeur du franc reste stable, la balance des paiements s'améliore et ainsi de suite. Mais il faut toujours redoubler d'attention lorsqu'on tente d'interpréter les indices superficiels. Ils sont de nature à fournir des indications contradictoires. Par exemple, en médecine, lorsque la santé d'un malade se détériore dangereusement, sa fièvre et sa tension peuvent baisser. Mais il s'agit là de symptômes d'aggravation de son état de santé et non du contraire. En économie, lorsque sévit une grave récession, la balance des paiements peut s'améliorer parce que les gens achètent moins et que, de ce fait, le volume des importations diminue. Et lorsque la crise s'approfondit, le niveau d'inflation peut s'en trouver réduit parce qu'on utilise moins de matières premières, que la demande générale diminue et qu'en conséquence les prix baissent. Les mêmes indices sont capables de refléter aussi bien une amélioration qu'une détérioration de l'économie.

Donc vous n'êtes pas convaincu que nous progressions vers une reprise économique à court terme?

Il n'est pas exclu que nous connaissions quelques spasmes d'activité. En Grande-Bretagne, par exemple, on remarque des signes de vitalité économique qui donnent l'impression d'une reprise. Mais je crois qu'il s'agit là d'une reprise fausse provoquée par une politique monétaire laxiste, des taux d'intérêt artificiellement bas et une dévaluation de la livre sterling. Cette reprise transitoire est stimulée par des déficits externes et internes qui, à moyen terme, provoqueront de considérables turbulences économiques suivies de leurs conséquences sociales.

La théorie économique classique affirme que la poursuite d'une politique monétaire laxiste et une dévaluation de la monnaie entraînent inévitablement un accroissement du niveau de l'inflation. Actuellement, on n'aperçoit pas ce phénomène en Angleterre. Pourquoi ?

Les raisons principales en sont les effets, d'une part, de la récession et, d'autre part, du libre-échangisme mondial.

Voudriez-vous développer ce dernier aspect ?

Le libre-échangisme mondial a pour effet direct la réduction du coût de l'emploi. Comme vous ne l'ignorez pas, depuis très peu de temps, ont été introduites dans l'économie mondiale près de 4 milliards de personnes qui jusqu'alors avaient été tenues à l'écart. Le libre-échangisme mondial permet aux entreprises des pays industrialisés de transférer leurs activités économiques vers les pays où la main-d'œuvre coûte jusqu'à vingt fois moins cher que chez nous. Qui plus est, comme conséquence de la révolution de la communication et de la liberté des changes, la technologie peut être transférée de façon instantanée vers ces pays ainsi que les capitaux nécessaires pour l'installer. Les effets de cette profonde mutation se révéleront inévitablement dévastateurs. Cette vaste population sous-employée et en croissance démographique explosive est en concurrence directe avec notre population active. On n'évitera donc pas que le premier résultat soit une pression à la baisse sur nos salaires, baisse suivie d'un chômage croissant.

Vous venez de parler du transfert vers les pays en voie de développement d'une grande partie de l'« activité économique » des pays développés. Il ne s'agit pourtant pas que des activités industrielles ?

L'idée reçue est, en effet, que ce transfert affecte surtout l'industrie de production. Mais un nouveau phénomène est en voie d'extension : celui de la délocalisation des services. Pour la première fois on assiste au transfert vers les pays sous-développés d'activités de sociétés de service qui emploient beaucoup de monde. Par exemple, comme chacun sait, certaines sociétés de service, qui traitent avec des millions de clients – par exemple les banques, les assurances, les compagnies aériennes, etc. – emploient nécessairement une importante population de clercs. Ceux-ci peuvent maintenant être transférés vers des pays à main-d'œuvre bon marché. C'est la conséquence de la révolution de la communication. En louant un espace sur un satellite de communication, il est possible, pour un prix relativement modeste, de maintenir un contact constant avec des bureaux situés dans des pays lointains. Qui plus est, un client peut téléphoner aux États-Unis au siège social, croyant parler avec un employé situé aux États-Unis, tandis qu'en réalité son appel sera instantanément transféré par satellite vers le bureau de Bombay sans qu'il s'en aperçoive. L'employeur, lui, s'en apercevra car la paie de l'employé se trouvera réduite de 90 %.

Tout à l'heure, vous avez posé la question : la crise économique est-elle cyclique ou structurelle ? Quelle est votre propre réponse ?

Je crains qu'il ne s'agisse d'une crise structurelle profonde. Nous créons nous-mêmes les structures qui mènent inéluctablement à l'hémorragie, tant de l'emploi que des capitaux. De surcroît, nous rassemblons toutes les conditions nécessaires pour recréer une guerre des classes.

Comment cela ?

Posez-vous cette question, au risque de nous répéter : qui, chez nous, est capable de délocaliser ? Évidemment, ce sont les grandes entreprises qui peuvent fermer leurs usines pour transférer la production vers des pays à bas salaires. Le résultat sur leur compte d'exploitation sera remarquable. Prenons, comme exemple, une société manufacturant un produit classique et employant une équipe normale pour ce type d'industrie, tel que la tuyauterie, la literie, le textile, etc. c'est-à-dire celles des industries qui emploient une grande partie de la population industrielle. Acceptons comme hypothèse que pour ce genre de sociétés, en moyenne, le coût de l'emploi représente environ 30 % du chiffre d'affaires. Ainsi une entreprise avec un chiffre d'affaires annuel de 5 milliards de francs paie environ 1,5 milliard de francs à ses salariés. Ce genre d'entreprise, dans les conditions actuelles, rencontre des difficultés à équilibrer ses comptes. Supposons qu'elle décide de délocaliser sa production, en ne maintenant en France que son siège social et son équipe de marketing. Le résultat serait une baisse du coût de l'emploi de plus de 1 milliard de francs par an. Par un simple acte de transfert de production, les bénéfices feraient un bond en avant. Tragiquement, le chef d'entreprise n'a guère le choix car, s'il refuse la délocalisation, il se trouvera dans une position où son entreprise sera incapable de concurrencer les produits importés et condamnée à mort. Ainsi le libre-échangisme mondial force le chef d'entreprise à agir contre l'intérêt de la société, et creuse une grave division au sein de la nation. On distinguera entre ceux qui peuvent délocaliser et en profiter et ceux qui ne le peuvent pas – c'est-à-dire les petites et moyennes entreprises, les artisans, les paysans; etc. – ceux qui seront condamnés au chômage suite à l'élimination de leurs emplois et ceux dont le travail est garanti par l'État.

Avez-vous des chiffres récents illustrant la hausse du chômage qui, selon vous, serait structurelle plutôt que cyclique, c'est-à-dire liée aux tendances fondamentales plutôt qu'à une crise qui pourrait être cyclique et provisoire ?

Permettez-moi de citer les chiffres mis en avant par Maurice Allais [1]. Il a démontré qu'au cours des vingt dernières années, le PNB français s'est accru de 80 %, c'est-à-dire que la taille apparente de l'économie française a presque doublé. Pendant la même période, le commerce extérieur français s'est accru de 220 %. En dépit de ces chiffres indiquant une croissance remarquable, il faut hélas également constater une augmentation du chômage et du sous-emploi en France par un facteur de 800 %. Et tout cela s'est passé avant les dernières négociations du GATT qui, bien sûr, accéléreront la destruction de l'emploi en France.

Mais cette augmentation du niveau du chômage n'est-elle pas le reflet de blocages et d'inefficacités que nous trouvons tout particulièrement dans notre économie ?

1. *Le Figaro*, novembre 1993.

De toute évidence, notre économie est partiellement paralysée par des blocages inadmissibles qui doivent être radicalement éliminés. Mais quels que soient nos efforts, il demeurera impossible de faire face aux nouvelles conditions imposées par le libre-échangisme mondial et le GATT. Comment voulez-vous que nos entreprises puissent faire concurrence à celles utilisant la même technologie, bénéficiant d'amples capitaux, et payant des salaires 90 % meilleur marché que chez nous. Pour les entreprises de main-d'œuvre, cela est tout simplement impossible, quelles que soient leurs structures.

Vous semblez ne pas tenir compte de la capacité que peut avoir notre économie d'imaginer des emplois dans des métiers nouveaux. Les services de proximité, par exemple, qui eux ne sont pas délocalisables.

Nous avons déjà pu constater que, dans le secteur de l'économie productrice de richesse, les entreprises de main-d'œuvre – qu'elles soient dans l'industrie ou dans les services –, qui fournissent une grande partie de l'emploi productif en France, seront incitées à délocaliser. Restent les entreprises à haute technologie qui, parce qu'elles n'emploient que peu de gens, peuvent demeurer concurrentielles. Mais, c'est précisément parce qu'elles n'emploient que peu de personnes qu'elles ne peuvent évidemment pas fournir le travail nécessaire à la nation.

Il existe aussi, bien sûr, un secteur de l'économie qui, plutôt que de produire de la richesse, la dépense. Cela ne le rend ni moins noble, ni moins utile. Il incorpore, par exemple, la santé et l'éducation. Mais chacun devrait savoir que pour dépenser, il faut d'abord gagner.

De toute façon, les chiffres de Maurice Allais, que je vous ai déjà cités, prouvent que notre économie, dans des conditions bien plus favorables que celles qui existent aujourd'hui, n'a pas été en mesure de créer suffisamment de métiers nouveaux. En effet, tandis que l'économie, mesurée par le PNB, a presque doublé, le chômage s'est accru de 800 %.

Lors des négociations de Maastricht, les Anglais ont obtenu la dispense de faire partie du contrat social européen. Ainsi les avantages sociaux en Grande-Bretagne sont-ils inférieurs à ceux accordés dans les autres pays de l'Union européenne. Ne s'agit-il pas là d'une façon d'être compétitif dans un monde de libre-échange et cela n'explique-t-il pas, par exemple, le transfert de l'usine Hoover de Dijon en Écosse ?

Lorsqu'on voit la publicité britannique visant à encourager l'implantation en Grande-Bretagne d'industries étrangères, on ne peut qu'être ahuri. Ils décrivent l'Angleterre comme un pays à bas salaires avec les avantages sociaux les plus faibles d'Europe. C'est comme s'ils voulaient dépeindre l'Angleterre comme étant le Mexique de l'Europe, c'est-à-dire le pays qui fournit à l'Europe la main-d'œuvre bon marché. Mais cela illustre tout simplement l'énormité de la déformation du concept économique. L'objectif réel de l'économie est de servir la société et non l'inverse. Pendant les grands moments de l'économie américaine, Henry Ford – le créateur de la société qui porte son nom – disait qu'il voulait payer cher ses employés pour qu'ils puissent devenir ses clients et acheter ses voitures. Aujourd'hui, à cause de l'adhésion quasiment religieuse à une fausse doctrine économique, le libre-échangisme mondial, tout cela est renversé. Voilà qu'on se sent tout fier de payer des salaires bas. C'est Aristote qui nous a rappelé que la mesure de l'art médical est la santé, et la mesure de l'économie la prospérité.

De toute manière, la stratégie anglaise est absurde. Si la préférence communautaire avait été maintenue, l'Angleterre aurait pu tirer certains avantages à court terme en étant le pays européen à bas salaires. Mais quels avantages les Anglais peuvent-ils en tirer s'ils doivent faire concurrence non pas aux Européens mais aux Chinois, aux Indonésiens, ou autres ? Même les idéologues britanniques ne peuvent sûrement pas désirer voir baisser chez eux les salaires à ces niveaux-là.

Au mois d'octobre dernier, vous avez déclaré que vous alliez tenter d'ouvrir le débat en Grande-Bretagne sur les mérites du libre-échangisme mondial ? L'avez-vous fait ?

Je vous avais dit aussi que je savais que la réaction générale serait tout à fait hostile. Cela n'a pas manqué, du moins au début. Mais, aujourd'hui, je me sens plutôt encouragé car un débat commence à s'ouvrir. Je viens de lire une analyse diffusée à un haut niveau et je suis tout à fait fasciné d'y voir qu'enfin les économistes découvrent que les dieux du libre-échangisme, Ricardo et Keynes, auraient eux-mêmes rejeté l'idéologie mondialiste actuelle. Ricardo, bien sûr, avait établi sa théorie sur la prémisse fondamentale d'après laquelle les capitaux ne seraient pas transférables, qu'existerait le plein-emploi et que la balance des paiements demeurerait en équilibre. Tout cela a volé en éclats depuis bien longtemps. De son côté, Keynes a déclaré que les produits devraient autant que possible être fabriqués localement et que les capitaux devraient être principalement d'origine nationale. Les libre-échangistes doctrinaires auraient-ils accepté d'adorer les théories de Ricardo et de Keynes, sans même les avoir analysées ?

Pour terminer, pourriez-vous nous résumer vos principales conclusions ?

J'espère que leurs grandes lignes ressortent de nos entretiens : une Europe bâtie sur le socle des nations qui la constituent ; des institutions européennes garantissant la décentralisation de tous pouvoirs qui peuvent être assumés au niveau local, régional ou national ; une structure qui ne permet la centralisation que des responsabilités qui doivent inévitablement être centralisées, soit, principalement, la coordination de la défense des nations européennes ; la diplomatie face aux blocs ; l'établissement des normes de protection de l'environnement ; la gestion de la monnaie commune ; le maintien d'un marché économique libre permettant le libre-échange à l'intérieur de l'Europe.

Quant aux échanges commerciaux entre

l'Europe et le reste du monde, notre principale responsabilité demeure de protéger la stabilité et la prospérité des Européens. Donc, il faudra renforcer le principe de la préférence communautaire et négocier avec les pays tiers les accords bilatéraux que nous désirons, c'est-à-dire conformes à nos besoins réels.

Tout cela se présente comme nécessaire si l'on veut pouvoir entamer les réformes indispensables à la France. Ces réformes devront être profondes. Pendant trop longtemps nous avons ajusté ceci, accommodé cela, sans oser aller jusqu'au fond du problème. Le moment de vérité arrive. L'objectif des solidarités nationales doit être révisé pour que la société puisse concentrer l'ensemble de son action sur ceux qui en ont besoin. Une assistance universelle efficace n'est pas économiquement possible. Notre système d'éducation a besoin d'une réorientation afin que l'apprentissage soit favorisé, le choix élargi et la responsabilité de la famille renforcée. Le système des impôts est à simplifier radicalement pour qu'il devienne clair, motivant, équitable, tout en apportant à l'État les ressources qui lui sont nécessaires pour mettre à exécution ses légitimes responsabilités.

Quant à l'économie, il faudra la libérer des multiples blocages qui la paralysent actuellement. On assistera donc à un double mouvement : d'une part, renforcer le principe de la préférence communautaire pour mettre l'économie à l'abri d'un libre-échangisme mondialiste qui la détruirait ; d'autre part, utiliser cette protection pour que, dans le cadre d'une Europe bien construite et par l'effet d'une concurrence vigoureuse, l'industrie française puisse se revitaliser.

Notre responsabilité suprême demeurera de protéger la souveraineté, l'identité, le territoire et la stabilité de la nation. J'ai conscience du fait que cela représente l'évidence même. Et pourtant, ce sont précisément ces fondements de la société que l'on tente de détruire avec Maastricht, le GATT et Schengen.

Est-ce pour contribuer à la mise en œuvre d'un tel programme que vous posez votre candidature au parlement européen ?

Oui.

Table des matières

Cet ouvrage a été réalisé par la
SOCIÉTÉ NOUVELLE FIRMIN-DIDOT
Mesnil-sur-l'Estrée
pour le compte des Éditions Fixot
24, avenue Marceau, 75008 Paris
en mars 1994

Imprimé en France
Dépôt légal : mars 1994
N° d'impression : 26607
ISBN : 2-87645-232-4
35360-01

p 64-65
p 67-68
p 82
p 145
p 172
p 187